신의 선물 글로타치온

안 먹는 분이 없는 최고의 "글로타치온"
TV마다 안 나오는 데가 없이 좋다는 글로타치온
당뇨 있는 분은 꼭 드세요!

남녀노소 누구에게나 꼭 섭취하게 되면 젊어지고 늙지 않는 비밀이 숨겨져 있으며 백옥주사와 같이 피부가 좋아 진다.
식후 1일 1정씩 360정 500mg
실버 홈쇼핑 010-8554-4114
농협 1300-3551-1656-95 우희정

매 력
강태공 아카데미에서 매력 있는 전박사

아카데미란 ? 춤이나 모델도 예술이다.
예술인들이 모이는 학원이나 단체를 말한다.
강태공댄스 교습소 금마차 실버대서 시연

매 력

지은이 - 전 준 상 박사 (필명)
발행처 - 자수정 출판사
발행일 - 2023년 08월 15일

편집자 - 진보라실장 HP. 010-7102-7070
상담주문 - 제품문의 HP. 010-8558-4114
신고번호 - 제 2018-000094호

서울 영등포구 영중로65 영원빌딩
TEL.010-8558-4114
정 가 ₩20,000원

*파본은 교환해 드립니다.
홈페이지 - 주소창에 www.198282.net
　　　　　　　NAVER 네이버 검색창에 전준상
　　　　　　　YouTube 유투브 검색창에 박사전준상
E-mail - yangko719@hanmail.net
　　　자수정 실버 홈쇼핑
　　　　농협 1300-3551-1656-95 우희정

프 로 필

아산시 (온양온천)에서 출생한 저자는
세월이 흐르면서 인생 시리즈
<두 배로 산 인생>까지 총 80권의
책을 집필하여 국립중앙도서관에
납본되었다. 그리고 남녀 실버들에
활력을 주는 건강 상식 서적과 인류에 기여하는
80건의 특허가 특허청에 신청되었다. 그러다 보니
오랫동안 다양한 사업과 일본 현지 법인으로 생보석
홈쇼핑과 출판사를 운영한 경험이 있다.
동생들은 미국에서 깊은 신앙심 속에 사업을 하고
있으며 자녀들은 강사의 길과 영화<폭로>시나리오를
집필하고 영화감독으로 활동하고 있다. 결혼을 앞두고
있는 막내에게도 교육에 손이 미치지 못한 점이아쉬워
사회인으로 인류의 소금이 되어 보라고 당부한다.
여러 형제와 자녀들에게 늘 가르침을 주고 있는저자는
첫째 건강 둘째는 독서를 늘 염두에 두라고 항상
조언한다. 본 저자는 집필을 멈추지 않을 것이며
앞으로도 몇 십 권의 저서를 펼칠 수 있을 것으로
전망한다.   2023년 8월 15일
                        저자   전준상(필명)
                        HP 010-8558-4114

차 례

머리말 6
1. 실버댁 금마차 콜라텍 7
2. 노인들의 무릉도원 27
3. 실버들의 낙원 49
4. 세상은 요지경 63
5. 가슴 조이는 여인 76
6. 제비에게 빠진 운명 94
7. 매력이란 116
8. 할머니도 여자이고 싶다 134
9. 신언서판이란 163
10. 오래 살려고 할 때 장수한다 174
11. 아랫도리를 춤추게 하라 190
12. 정액량은 늘고 생리나이가 늘어난다 249

머 리 말

사교춤을 한번 배워놓으면 골프나 수영장 헬스장에 다니는 스포츠는 매월 돈이 들어가는데 사교춤 스포츠는 돈이 들지 않는다는 점 이었다.
또한 골프 수영, 헬스는 나이가 많으면 격한 운동을 할 수 없지만 춤은 걸음만 걸을 수 있으면 90대에도 할 수 있는 스포츠라는 것이다.
콜라텍은 12시 개장을 하여 저녁 6시~9시에 끝난다.
카바레는 3시에 개장을 하여 밤 10시나 12시에 끝난다. 나이트클럽은 오후 6시 개장을 하여 새벽 4시에 끝난다. 카바레는 술을 마시며 춤을 추러 플로어로 나간다. 술은 기본이 35,000원에 웨이터나 멤버에게 팁은 자유다. 웨이터가 나이트클럽은 기본이 50,000원에 부킹까지 해주면 팁이 나간다. 그리고 직업여성 댄서가 따로 있다. 콜라텍은 입장료만 내고 들어가서 대기석에서 여성들이 기다리며 손을 내밀면 따라 일어나서 파트너가 되어 같이 춤을 추면된다.
영등포 콜라텍은 이성 파트너가 많아서 학원에서 춤을 배우면 물 흘러가듯이 콜라텍에 입문하게 된다.

2023. 8. 15.
지은이 박사 전준상

1. 실버대 금마차 콜라텍

유듀브에 영등포금마차를 쳐보세요

금마차는 영등포를 대표하는 무도장으로 50년이란 반세기 넘는 역사를 지닌 유명한 명소다.
6.25 한국전쟁이 1950년 3년 만에 끝나자 미군이 유행시켜 놓고 간 댄스는 들불처럼 일어나 영등포 주변에 공장 노동자들에게 고달픔을 달래주는 무도장인 카바레였다.

금마차에서는 매일 밤 유명가수와 톱 탈렌트들이 출연하는 생음악에 무도장은 후끈 달아올라 하루에 일과를 금마차 가는 재미로 산다고 까지 하였다.

영등포 금마차에 해남에서 올라와 신세계 레코드사에서 5천원을 받고 전속계약을 맺었던 무명가수 이름이 유명하게 알려지자 평생 미혼으로만 지내던 오기택이란 미남가수가 트롯트 곡인 "영등포의 밤"이란 첫 데뷔곡이 나와 대 히트를 치자 따라서 금마차는 대박이 났다.
그리고는 70세에 뇌졸중으로 쓰러져 83세에 독신자로 투병하다 사망하였다.

금마차 홀에는 발디딜 틈이 없어 줄을 서서 기다려야 했고 노동자뿐만 아니라 기업인 의사, 대학교수 각양각색의 직업을 가진 사람들이 밤낮으로 몰려와 드나들었다.

그 후 카바레로 50년이 지나자 시대의 흐름에 따라 10년전 부터는 실버대학인 콜라텍으로 변모하여 술, 접대 테이블은 치우고 콜라텍 내에 식당까지 겸하여 식사와 술을 함께 즐길 수 있게 내부를 바꾸었다.

영등포에 선두주자인 금마차 대표 김충식(일명 돌석)

경영능력이 탁월하여 다재다능한 명석한 사람이다. 사업가이자 전 프로권투 선수생활을 하면서 1984년 11월 16일 필리핀 마닐라에서 전 세계 참피언 프랭크세데뇨 선수와 경기 도중 9라운드 TKO패를 당하면서 뇌진탕을 일으켜 뇌수술을 받은 후 충격을 못 이겨 밤의 세계로 뛰어 들었다.

건달과 보스로 조직을 이끌며 세력을 넓히면서 여자사냥꾼으로 "돌석"의 위용을 떨쳤고 인생역전의 신화를 일구어 낸 후 1991년 초대 지방자치제 선거에서 최연소 후보로 출마해 화제를 모으기도 했다.

언제나 2인자로서 머물러 있으면서 진정한 건달이
되고자 했던 돌석! 그는 외동아들의 아버지로서
아들로 하여금 한반도 최초의 통일대통령이 되도록
눈물겨운 감동적 제2의 인생 서막을 열어가고 있으며
전세계 하나뿐인 유일한 분단국가인 우리 한반도가
평화통일이 이루어지기 위해 (사단법인)남북통일
추진본부를 창립하여 총재직을 맡고 여러분야 에서
활동하면서 세계한국어웅변대회 7개국 등

평화통일 염원을 위한 전국웅변대회에서 대통령수상!
대통령기쟁탈44회 45회 46회 3연패 수상!
국무총리상 2회 수상!, 국회의장상 5회 수상!
통일부장관상 6회 수상!, 각부장관상 7회 수상!
서울특별시장상 수상!, 인천광역시장상 5회수상!
경상북도지사상 2회수상 등 65회 출전하여 수상!

국내최초로 평화통일을 염원한 웅변콘서트 2회!
자전적 실명소설 무관의 제왕 돌석 1, 2, 3, 상, 중,
하로 출판예정 영화 시나리오가 나오면 내용은
충실하고 문학적 가치가 높고 인생의 풍부한 경험이
묻어나 있어 영화로도 가치가 높아 영화 촬영으로도
제작에 임하게 될 것이다.

금마차 대표 트로피와 상패

금마차 대표 김충석은 인간미가 넘치는 인간성이 좋은 사람으로 고객 한분 한분을 제왕처럼 따뜻하게 대하며 다정다감하여 인맥으로 쌓아가고 있다.
그러기에 금사모(금마차를 사랑하는 모임)회원에게도 정기적인 행사를 갖고 있으며 김대표가 출연하여 직접 여러곡에 노래까지 선사하며 친목을 다지기도 한다.

인간은 자신을 알아주는 사람에게는 의리를 배신하지 않기 때문에 금사모 모임에 회원들은 똘똘 뭉쳐 단결되어 있다.

김충식 대표가 큰 인물인 점은 프로복서와
웅변대회에서 우승한 트로피와 상장이 증명해 주고
있다.

오늘 단체 손님이 없으니 편안하게 식당에 오시길
부탁드립니다. 식당에서 바나나한접시, 탕드시는 분
떡국사리, 한방 약초 술한잔, 한방 약초 끓인물을 서
서비스로 드실수 있습니다. 한분 두분 오셔서 부담없
이 드실 수 있는 오늘의 안주 5,000원 번데기볶음, 닭
똥집양념볶음을 준비했습니다. 4시 이후 무료입장합니
다,-금 사 모-
(금마차를 사랑하는 모임) 7월 28일까지 평일
무료입장권, 회비 10,000원 접수합니다.
접수처: 식당카운터, 임포, 보관소, 부킹 구입하시길
부탁드립니다.

A밴드 - 내영혼의 여인, 원일이 단장!
B밴드 - 오깔까, 유연숙 단장!
풀 생음악으로 연주하고 있습니다.
여성부킹 2분!
남성부킹 1분
정성스레 부킹해 드립니다.

자전적
실명소설(무관의 제왕 돌석)의 주인공!
전 프로권투 비운의 복서
돌석! 금마차 콜라텍 매일 출연합니다.
많은 사랑에 주시길 바랍니다.

나이가 들어도 신체 활동을 많이 할수록 좋다.
움직이는게 싫어서 앉자서만 하는 고스톱, 바둑, 게임, 잡담은 운동에 큰 도움이 안 된다.
춤에 스텝 모델에 워킹 에어로빅 같은 것은 천천히 느리게 하여도 큰 노움이 된다.

지속적으로 스포츠 운동을 하면은 적응이 되어 다이나믹하게 움직임이 큰 춤을 추면 활기가 넘쳐나게 된다. 금마차 콜라텍 이라는 공간은 노인들에게 육체적 정신적 건강에 삶의 질을 높여주는 곳이다.

자주 듣고 콜라텍에서 자주 듣는 생음악은 메말라 있는 노인들의 가슴을 설레게 하는 체음제가 되기도 한다. 그뿐만 아니라 용모에 신경을 쓰지 않아 아무렇게나 입고 다니던 헌 옷은 집에서 입고 새 옷으로 가꾸게 되니 멋쟁이 소리를 듣는다.

한번 칭찬은 3일이 가고 두 번 칭찬은 일주일이 간다, 노인들도 칭찬을 들으면 들을수록 자신의 외모에 더욱 신경을 써서 10년 20년 젊어 보이도록 발전해간다.

콜라텍에 몇 달 만 드나 들면

1 외모가 몰라보게 스마트해지는 것은 자신을 관리하기 때문이다.
2 걸음걸이가 똑바로져 젊어 보이는 것은 춤이 그렇게 만든다.
3 노인냄새 노취가 사라져 가는 것은 자주 닦기 때문이다.
4 인맥과 인연이 새로 생겨 세상 살아가는 멋을 느끼게 된다.
5 노화가 지연되고 건강한 삶이 건강에 큰 도움이 된다.
이러니 어디가세요? 하고 물으면 실버대학에 간다고 당당히 말한다.
반평생 일만 하고 사느라 자신의 취미란 아무것도 없이 지내왔던 노인들에게 처음으로 끼를 발산할 수 있는 콜라텍이 생겨서 생기가 넘쳐나는 노인들이 날로 늘어만 가니 행복해한다.
실버 대학에서는 남에 눈치를 살피지 않고도 마음대로

이상적인 파트너를 자신이 골라잡을 수 있어 좋다.
운동도 하고 이성친구도 사귈 수 있고 가재 잡고 도랑치고다.
이곳만큼 자신의 감정을 마음껏 발산할 수 있는 공간을 더 이상 없다. 지상낙원이고 무릉도원이다.
코로나 19 호흡기질환으로 2년 반 동안이나 마스크를 쓰고 출입하거나 많은 사람이 몰려 있으니 감염 우려로 콜라텍 출입을 삼가다가 마스크 쓰는 것을 정부에서 해제하자 금마차 콜라텍은 초만원을 이루어 발 디딜 틈이 없다.

물 좋은 50대 남녀부터 허리가 구부정한 할아버지부터 다리가 굽어 아장아장 걷는 할머니까지 인산인해다. 구내식당도 음료수 카페도 길게 놓여 있는 대기석 의자도 구석구석까지 빈틈없으니 금마차 콜라텍에서 하루하루가 즐겁고 재미있기 때문이다.

즐겁지 않고 재미가 없다면 등을 떠 민다 해도 오지 않을 것이다.
그러나 음악이 있고 이성이 있고 식사와 술이 있고 음료수가 있으니 아들 며느리 딸 사위가 준 용돈 받으면 마음 편하게 보낼 수 있는 곳이 금마차콜라텍이다.

다만 파트너에게 예의를 지키지 위해서라도 자신은 모르나 상대 파트너가 느끼는 노취 냄새를 없애기 위하여 페르몬 향수는 필수다
노인대학 초년생부터 왕제비들 까지 특수 페로몬 향수를 뿌리지 않는 춤꾼들은 없다.

페로몬이란?
이성을 홀리게 하는 물질로 말 못하는 짐승을 암컷도 페로몬 냄새가 나는 숫놈에게 짝짓기를 허락하듯이 그런 물질로 특수 향수를 만들어낸 것이다.
나의 이미지를 좋게 바꾸어 주고 품위 있게 돋보이는 향수다.

1. 댄스나 워킹 시에
2. 고객접대 시에
3. 외출 시나 잠자리에 스프레이로 칙칙 두세 번 뿌리면 된다. 1년에서 2년까지 사용할 수 있는 불량으로 3병에 9만 9천 원이다.

자수정 실버 홈쇼핑에서만 판매되며 일반 시중에서는 구매할 수 없다 (구매 문의 010-3895-4114)
할아버지도 남자이고 할머니도 여자다.
늙었다고 희노애락이 없고 이성의 호기심이 없는 게 아니다.

욕망도 있고 부끄러운 감정도 있고 질투도 있다.
그래서 나이가 들어 실버대학 에서도 자신이 멋있게 보이려고 관리하는 것이다.
자신의 무엇을 살리기 위해서 자신에게 투자하지 않는 노인은 인생을 포기하였기 때문에 소귀에 경 읽기다 의욕적이고 야망적인 실버들만이 멋을 안다.

멋을 아는 실버는 아직도 청춘이다.
멋쟁이 실버는 같은 나이 동료보다 20년 젊어 보이고 수명도 20년 더 장수한다.
정신은 몸을 지배하고 육체에는 마음을 따르게 한다.
그래서 정신이 맑으면 몸도 굽은 데가 없이 판판해지고 건강한 사람은 정신이 맑아서 제기차기 기억까지도 또렷하다 .

청소년 시절 미래 직업을 목표를 세우기에 따라서 정해지듯이 노인들의 여가생활도 선택에 따라서 실버시대의 질이 달라진다.

흥이 나는 생음악 소리에 어깨가 들썩들썩 하듯이 잠자고 있는 감성을 깨우는 노래 와 댄스만이 최고다.
춤은 저급하거나 허접하거나 불륜을 조작하는 것만이 아니라 실버대학에 건강학과와 같은 것이다.

금마차 실버대학 입학생이라면 주눅들 필요가 없다.

1학년 때부터 몸이 굳어 있지만
2학년 때는 몸놀림이 달라진다.
3학년 때는 기교까지 그려진다.
4학년 때는 희노애락 감정을 표현한다.

초년생 1학년과 졸업생 4학년의 차이는 다를 수밖에 없다. 춤도 세월이 갈수록 곡식이 익어 가듯이 몸에 배어 익어간다. 세상 모든 일로 3년이면 명장이 되거나 달인이 되듯이 춤은 3년이면 잘 춘다는 칭찬을 받게 된다.

나이가 많아도 춤을 잘 추면 젊은 여자도 파트너가 되어 손을 잡아 보고 싶어 하여 인기가 높다.
그러나 춤을 저급하게 생각하는 고정관념에 노인 들 중에는 불면증에 시달리고 우울증에 시달리는 경우가 많다.
저급하다고 외면하며 건강을 해치는 것이 좋은가 아니면 저급하지만 도전하여 건강에 이롭게 되는 것이 좋은 가는 자신의 판단에 달려있다.

1) 배우자와 사별이나 별거로 외로움 속에 사는 분
2) 노인 빈곤으로 하루에도 10번씩 죽고 싶다고 하소연 하시는 분
3) 처자식이나 주변에서 무시당하고 대접 못 받는 분
4) 이모저모 걱정과 고민이 태산같이 쌓여 있는 분
5) 우울증이나 성인병인데도 걸음걸이 운동이 없는 분

이런 노인 분 들은 꼭 금마차 실버 대학에 콜라텍을 놀이터로 삼고 평일 천원 만 내고 입장하셔서 놀으시기를 권한다. 기분전환 이야말로 정신건강에 보약이며 노인이 되면 인생이 허무함, 허탈함을 말끔히 씻어순다.

신나는 전자올겐 소리에 경쾌한 음악에 맞춰 박자에 맞추려고 머리를 쓰면 스텝을 이렇게 하다 보니 기억력증진으로 치매예방 에도 큰 도움이 된다.
춤은 감정까지도 풍요로워 지다 보니 감정 질병의 비타민이다.

춤을 잘 추는 남자를 만나면 할머니들은 춤은 금방 는다. 남자의 리드에 따라 가기만 하면 쉽기 때문이다. 남자는 여자를 리드 하여야 하기 때문에 실력이 있어야 한다.

기본기 이외 테크닉까지 배우도록 한다.

춤은 단조로우면 재미가 없다.
그러다 보니 여자는 다른 파트너 남자에게 한 눈을 팔며 옮겨 가게 되면 남자는 질투를 느끼며 서운해 한다. 실버대학 에서도 우등생이 전교생에게 눈길을 끌기 때문에 시험에서도 100점 맞도록 하는 것은 금마차에 나와서 연습에 연습뿐이다.
실버대학에서 연습을 하기 좋은 것은 여름에는 빵빵 터지는 에어컨으로 바캉스도 되고 겨울에는 온방으로 따뜻하게 하여 밖에 나가기가 싫어 음악도 나오니 연습하는게 최고다 .

나이가 들어서 걸을 수가 있다면 경제적으로 허락되면 여행을 최고로 여행도 자주 하다 보면 중독이 된다.
여행은 새로운 것을 보고 새로운 음식을 맛보고 가는 곳마다 새로운 즐거움을 준다.
그러나 패키지여행은 젊은 사람을 따라갈 수 없어 다른 사람을 쫓아가기에 숨이 차서 어렵거나 멀리 떨어져 뒤에 쳐져서 가이드가 한참 기다리다 찾아 헤매기도 한다.

그뿐만 아니라 남자 노인들은 전립선 때문에 소변이

마려워 화장실만 보이면 쫓아 들어가지만 소변이
안 나와 한참을 들켜지고 실갱이를 하다가 그냥 나오
니 가이드는 또 짜증을 낸다.

심지어 70 넘은 노인들은 패키지여행을 오시지 말고
개인별 자유여행을 하시라고 까지 면박을 준다.
늙는 것도 서러운데 노인 취급을 노골적으로 받으면
즐거우려고 왔던 여행을 오히려 노여움이 된다.
가족 여행으로 자식들이 노부모를 모시고 다니면 좋으
련만 자식들은 자신의 처자식만 데리고 여행을 자주
다닌다.

배우자가 없는 홀로된 부모는 더 상실감을 빠지게
된다. 이런 분들에게는 가장 적합한게 사교춤이다.
나홀로 콜라텍 노인대학을 찾아가면 언제나 받아준다.
가보면 또래 파트너가 많아서 좋다.
누가 뭐라 하든 내가 내 건강을 위하여 운동하러 가는
것이니 수영장에 혼자 가는 것이나 다를 바가 없다.

전두환 전 대통령 (1931년생) 이건희 삼성 회장
(1942년생) 신경호 롯데그룹 회장 (1921년생) TV에
나오는 모습을 보면 다리를 후들후들 떨어서
양쪽에서 부축하여야 만이 겨우 걸을 수 있다가 모두

다 사망하였다.
이들은 춤추는 하체운동을 하지 않았기 때문에 건강이 악화된 것이다.

나이가 들면 새로운 사람을 만나기도 쉽지 않은데 노인대학에서는 다리 운동도 되고 말도 트기 쉽고 소통하기도 자연스럽다.
세대 차이가 나지 않아서 자연스럽게 인맥이나 인연으로 이루어진다.
인간관계가 스무스하게 분위기가 조성된 이성친구도 훨씬 쉽게 사귈 수 있어 좋다.
싱글 노인이 해결하지 못하던 성을 노인대학의 와서 동급생들과 미팅으로 쉽게 해결할 수 있어서 지루할 시간이 없다.
춤만 추면 스킨십도 필수가 되다 보니 감정이 젊어져서 감미롭다.
벽창호 같은 노인 성격이 꼬장꼬장한 노인은 자신만 옳고 남이 하는 것은 다 틀리다는 꼰대 이런 노인이 실버대학에 입문하게 되면 감정과 성격에 변화가 와 부드러운 노인으로 변해가는 공부가 될 것이다.

현재 실버세대의 평균나이는 인생은 80부터라는 80세다.

실버 대학에서 보이는 80세는 어느 누가 보아도 60~70세로 보이지 80으로 보는 사람은 하나도 없다. 나이가 먹어서 힘도 좋고 젊은이 못지않게 짱짱하다. 그러다 보니 늘 성욕도 주체치 못한다.
그렇지 않아도 여자 싫어하는 남자는 하나도 없고 관 앞에서도 여자 생각이 난다는데 노후에 콜라텍에 나오면 독신으로 지내는 할아버지 할머니가 파트너가 되어 노후를 즐길 수 있다 노인대학에서 60~70대까지 제일 많고 50대가 80대가 그 다음이다.
콜라텍이나 캬바레에서 남자는 제비라 하고 여자는 꽃뱀이라 하는가?
꽃뱀은 춤추지 않은 곳에서도 남자에게 여자가 의도적으로 접근해서 몸을 맡기고 돈을 우려내는 속되게 이르는 말이다 .
꽃뱀은 매력적이거나 멋진 여자가 아니라 여자에게 호기심 있는 남자에게 심리적 약점을 파악하고 이용하는 여자다.

돈 많은 남자 연예인에게 성폭행 당했다고 고소를 하여 돈을 뜯어내려고 도리어 무고죄로 처벌받는 여자들은 꽃뱀으로 부른다.
예쁜 여자가 꽃뱀 인 것 같은데 평범한 수준이며 심지어 뚱뚱하고 못생긴 여자가 방심한 남자를 이용해

먹기도 한다.

꽃뱀들은 절세미인은 하나도 없으며 남자들이 원하는 이상적 여성형을 보여 줌으로써 유혹한다.
여자를 다룰 줄 모르는 샌님이나 맹꽁이 같은 남자들이 꽃뱀 유혹에 잘 넘어가 금품을 당한다. 일종에 성매매나 몸을 파는 창녀나 다를 바 없다.
50이 넘은 노총각에게 강남에 룸싸롱에서 20대~30대 호스티스로부터 1년 동거하는 조건에 1억원을 제의 받았다는 자영업자에게 접근한 그녀도 꽃뱀이 나 다를 바 없다.
자영업자도 노총각을 건네준 현금만 1억이지 선물 하고 외식하고 여행 다니면서 쇼핑 한거 까지 합치면 2억원이 넘는다고 한다.
정부에서도 여자간첩 교육 시킬 때 몸을 주고 정보를 빼내 오게 하는 것을 미인계 간첩이라 하듯이 여자를 성 상품화 하는 것이 이것뿐만 아니라 다반사다.

제비란?
물찬 제비처럼 기생 오라버니처럼 생긴 남자이면서 여자를 울리는 춤쟁이를 말한다.
강남에 카바레나 룸싸롱이 많아서 강남제비가 많다고 하나 춤추는 곳에는 어디나 제비가 주둔해 있다.

첫째 제비는 여자를 흘리게 춤을 잘 춘다.
둘째 물찬 제비나 기생오라비 같이 외모가 번지르
하다.
셋째 테크닉 구사력이 뛰어나 여자가 헤어나지 못하게
한다.
그런 다음에는 선수의 본색이 나온다.
여자에게 식사도 얻어먹고 양복 선물도 얻어 입으며
서서히 돈을 빼낸다.
너 뿐이라며 울 거 먹다가 밑천이 다 드러나면 협박하
거나 통하지 않으면 배를 갈아탄다.

이 여자 저 여자 울리는 제비는 소문이 금방 나기도
하며 외모에서부터 꽃제비 냄새가 금방 풍긴다.
남자가 금목걸이를 하였거나 소 눈깔만한 황금 반지를
차고 있다.
가슴팍에 열어 놓고 다녀서 가슴에 까만털은 야생성으
로 보여 여자를 유혹하려는 메시지를 보이고 있다.

오로지 춤 세계에서만 생활하여 직업이 춤뿐이다.
거의다가 가정이 없는 독신자들이다.
그러니 더 이상 잃을 것이 없으니 여자에게 돈을 뜯어
먹고 사는 것이 일상생활이다.

여자가 남자를 쉽게 만나면 반드시 사단이 나서 눈물을 흘리게 된다. 춤은 자신의 건강과 즐거움을 위하여 취미로 삼아야 한다.

2. 노인들의 무릉도원

매력이란? 사람의 마음을 사로잡아 끄는 힘을 말한다.
매력 있는 사람의 반대가 꼭꼭 숨은 은둔형 외톨이다.
이러한 고립된 생활을 하고 있는 젊은이가 서울에만
19세부터~39세까지 전국적으로는 60만명에서 90만명
것으로 추산되고 있다. 어느 누구와도 관계를 맺지 않
은 채 방구석에만 틀어박혀 6개월 이상 문밖에 나가
본 적이 없다.
오로지 하는 일이라고는 먹고 자는 것 이외는 컴퓨터
게임일 뿐이다. 그러다 보니 자신의 매력을 발산할
기회를 잃은 것이다.
친구나 이성에게도 관심조차 없다.
이런 은둔형 외톨이가 만연되기 시작한 것은 20년 전
부터 이렇게 인생 낙오자들에게 매력을 느끼는 사람은
단 한 사람도 있을 수가 없을 것이다.
매력을 느끼는 사람은 인생 낙오자인 은둔형 및 외톨
이와는 정반대로 나이가 들어도 열정적이고 의욕이 넘
치는 매력을 발산하는 사람들이다
이런 사람들은 틈만 나면 현관문을 박차고 나가 일을

하거나 사회활동을 하거나 친구를 만나거나 취미 생활로 시니어모델이나 사교춤으로 하루에 만보 이상에 운동이 자연스럽게 생겨나게 한다.
일상생활이 운동이 되듯이 별다른 헬스클럽이나 실내 수영장에 다니지 않아도 충분한 운동이 되기 때문이다. 매력 있는 사람은 나이가 들어도 할 일이 없어 심심하다거나 잠이 없다거나, 밥맛이 없다거나 이런 말이 나오지 않는다. 이런 사람은 나이든 청춘이기 때문에 성인병도 거의가 없다.

고혈압, 고지혈증, 당뇨, 약도 먹지 않는 것은 좋은 생활 습관 때문이다.
건강에 나쁘다는 것은 하지 않으며 자신 관리에 철저하기 때문에 나이보다 20년은 젊어 보이는 어린 동안을 가지고 있다.
노령인구는 현재는 900만 명이지만 2025년에는 1천만 명이 되어 초고령사회로 다섯 명 중 한 명은 65세가 넘는 초고령사회가 된다.
백세시대를 30년~40년간은 실버시대로 살아가야만 하기 때문에 노인들은 노인복지관, 시니어 모델과 콜라텍으로 몰려든다.
그 이외 노인들은 지하철 노인 택배 일을 한다. 실버들 세상인 모델, 콜라텍, 지하철 택배 일은 모두가 걷는 운동으로 운동도 되고 용돈도 벌어 즐거움은 일거양득이 되니 더욱 건강하여 수명이 늘어나고 있다.

필자가 88 올림픽 이전부터 근무하고 있는 사무실은 출판사 및 홈쇼핑 업체로 영등포시장 건너에 위치해 있다. 그러므로 점심시간이나 저녁 퇴근 시간에 거리에서 보게 되는 사람들은 유난이도 노인들을 많이 보게 된다.
그럴만한 이유는 60대 이상 할아버지 할머니들의 유일한 낙원인 콜라텍에 몰려가기 때문이다.
혼자 가면 입장료가 1천원에서 2천원이지만, 파트너 여자친구와 같이 가면 1,500원이다.
옷이나 가방 핸드백 보관료는 1,000원이며 음료수, 커피는 3,000원이다. 소주, 맥주, 막걸리는 4천원, 식사는 7,000원에서 가장 비싼 회나 백숙은 3만원으로 최소한 만원 두 장이면 하루를 즐길 수 있다.
그러다 보니 노인정이나 복지관에 가는 대신 도랑 치고 가재 잡는 식이니 일석이조다.
시대가 바뀌다 보니 자유부인 시대인 1950년시대 부터의 카바레는 이제는 인기가 없고 2,000년부터 생겨나기 시작한 콜라텍이 대세다.
영등포 역전부터 영등포 시장 주변에 콜라텍을 모르는 노인이 없다.

평일에는 천명에서 2천명이 입장하지만 휴일에는
무려 3천명 이상이 입장을 한다.
60년 역사를 가진 원조 금마차 콜라텍을 비롯하여
태윤. 동남, 뉴욕, 대성, 백악관 영신콜라텍은 영등포
시장 주변 콜라텍만 7곳이나 된다.

춤교습소에서 1달 동안에 블루스와 지르박 트롯트
하루에 30분씩 한 달에 20회 강태공 교습소 학원에서
(010-2171-8144)레슨 받는다. 사교춤의 3대 조건은
음악, 파트너 매너이다.
레슨 받고는 콜라텍에 혼자서 입문하여 떨리는 가슴으
로 풀도어로 올라서서 감미로운 음악에 맞추어
스텝을 밟으려면 파트너가 있어야 한다.
남자가 파트너 손을 내밀어 주기를 대기 의자에 여자
들은 앉아서 기다리고들 있다.

매력이 없는 여자에게는 손을 내미는 남자가 없어
더 젊어 보이고 예뻐 보이려고 섹시한 옷을 짧게 입고
화장은 더 짙게 하고들 앉아 있다.
필자의 초등학교 동창생 친구 하나가 단골로 다니는
콜라텍에 동창회 모임이 끝나고 친구끼리만 콜라텍에
들어섰다.
즐비하게 긴 대기의자에 앉아 부킹되기를 기다리는 여

자들을 하나씩 손을 내밀어 파트너로 짝이 되어 플로어로 올라서 음악에 맞추어 춤은 추어 나가기 시작하였다. 한참을 추다가 한 친구가 여자 파트너의 손을 갑자기 놓고 쏜살같이 도망쳐 내려왔다.
 그 이유는 못 볼 것을 보았기 때문이다. 다름이 아닌 자신의 아내가 다른 남자의 품에 안겨 눈을 감고 흐느적거리는 것을 보고는 아연실색하며 도망쳐 나온 것이었다.
친구 부부는 춤이 수준급이라 콜라텍에 각자가 다니고 있었기 때문에 보아서는 아니 될 광경을 목격하게 된 것이다. 자신이 춤을 즐기면서도 아내는 안 된다는 잘못된 고정 관념 때문이다.
얼마전만해도 노인들은 갈 곳 없어 종로 3가 파고다 공원이었지만 세상이 변하면서 최근은 영등포 콜라텍으로 몰려든다.
구로 단지에 낙원 123, 창동에 두바이 아레나, 분당 야탑에 가디스, 일산에 태평양 화정, 강동에 궁 월드컵 수원에는 낙원은 청사초롱, 남문이 있다.
필자가 콜라텍에 취재하려 갔다가는 깜짝 놀랐다.
노인들에게는 별천지 같은 낙원이었기 때문이었다.
그래서 콜라텍 상호가 '낙원'이라는 데가 특히 많았다.
그동안은 콜라텍이란 말만 들었지 무엇 하는 곳인가 하고 궁금하던 터에 취재하면서 궁금증은 하나 둘

양파껍질 벗겨지듯 풀려 지자 전국에 독자들에게 정보를 제공하려고 매력이라는 제목에 춤에 대한 서적을 펼쳐 내기로 마음먹었다.
내가 직접 보고 들은 것과 콜라텍 마니아들로부터 들은 화제를 인용하기로 하였다.

첫 번째로 느낀 것이 카바레는 무도장이 변하여 콜라텍으로 변형되었다는 것을 알았다
그러나 옛날에도 카바레에 간다는 것은 앞장에서 보았던 것처럼 죄를 짓는 것처럼 남에 눈을 피하여 숨어드나 들었다는 것은 불륜의 대상이나 된 것처럼 취급되었기 때문이다.
그러나 지금에 콜라텍은 꺼리김 없이 당당히 떳떳하게 드나든다.
이곳은 주로 50대부터 90대 남녀들의 무도장으로 즐거움과 운동을 위하여 사교춤을 목적으로 오는 곳이기 때문이었다. 마치 파고다 공원과 같은 놀이터이면서 자기 발전하는 곳이 되기도 하는 실버대 아카데미다.

실버란? 머리에 서리 내린 것처럼 회기 때문에 노인을 애칭으로 부른다. 인생은 60부터 이모작, 인생에서 춤은 인맥도 쌓아가고 운동에 즐거움으로 일거양득이다. 음악은 사랑의 감성을 키우며, 노래나 춤은 사람을 즐

겹게 한다.
사는 게 어렵고 삶이 팍팍할 때 여유가 없다면 만사가 다 귀찮지만 먹고 살만 하며는 세상 모든 노래와 춤을 동경한다. 춤과 콜라텍을 알면 삶은 풍요롭고 부드러워지며 세상사는 맛을 느낄 수 있을 것이다.
콜라텍으로 이름이 붙여진 것은 청소년들의 문화 공간으로 콜라를 마시던 곳이 인기가 없자 반대로 노년층의 놀이 공간으로 바뀌었다.

특히 노년의 여성들 놀이 공간은 거의 없었는데 콜라텍으로 젊은 여자들까지 모여들고 있다.
여성은 솔로로 나 홀로 당당하게 나타나는 경우는 거의 볼 수가 없고 친구끼리 몰려온다.
여성들이 쇼핑이나 계모임 아니면 골프장이나 실내 수영장에서 취미 생활이 하나가 더 늘어나 춤을 추니 다이어트도 되고 젊어지는 느낌이어서 중독이 되기도 전에는 카바레에서 제비에게 물려 공갈 협박을 당하여 몸 뺏기고 돈 뺏기기였지만 지금은 제비족들은 거의가 없다 보니 스포츠 댄스로 헬스클럽 가는 것을 대신한다.

옛날 자유부인 이란, 정비석 소설에 대학교수 부인이 남편의 제자 대학생과 춤바람이 나서 가정을 등한시하므로써 카바레는 선입견이 저급한 불륜의 장소로 부정적으로 보아 왔었다. 그러나 콜라텍은 물이 흐리지 않아도 물이 좋다.
젊은 세대와 노년 세대가 한곳에 어우려져 브루스와 지르박으로 마음껏 즐기며 스포츠를 즐기면서 비용이 거의 안 들기 때문이다.
영등포에서 가장 오래된 강태공 교습소는 여자 김선생이 가르치고 있다. 일명 명동 백구두 강태공 교습소 강원장은 50년이란 반세기를 춤을 춘 달인이시다. (010-7222-5515)

이곳에서 춤을 마스트하면 자격증까지도 수료 받는다. 춤을 배우려는 구청이나 시청 노인복지관에서 배워도 되고 인터넷 동영상으로 배워도 된다. 그러나 더 쉽고 빠르게 자세히 1:1로 배울 수 있다.
한 달간만 열심히 배우면 콜라텍 무대에서 실습도 가능하다. 서양 문명을 입어 선진국 대열에 올라서 있기 때문이다. 자기 발로 성큼 성큼 걸을 수 있을 때가 건강할 때다.

춤도 걷기가 힘들 때는 이미 늦어서 그림에 떡 일 뿐이다. 콜라텍에서 춤으로 스포츠 운동을 하며는 사회 활동에 참여하는 것이기 때문에 다양한 사람을 만나게 되어 인맥을 늘리며 쌓아간다. 골프 치러 다니던 상류층도 콜라텍에서 만날 수 있고 실내에 온종일 앉아서 진료만 보던 의사 선생님도 만날 수 있다. 이곳에서 만나게 되면 가장 인간적으로 순수한 세계에서 허심탄회하게 교류할 수가 있다.

사람은 건강하다면 어울리기를 좋아한다. 술 한잔하며 여유 있는 시간을 좋아한다. 처음 만난 사람과도 백년지기나 된 것처럼 소통할 수 있는 곳이 콜라텍이라는 것을 취재를 하면서 처음 알게 되었다.
콜라텍 사교춤을 예찬하게 된 것도 백발의 노인들이 젊게 즐겁게 건강하게 살아가고 있다는 것도 알게
되었다. 그래서인지 선진국 잘사는 나라들은 부부끼리도 가정에서 전축을 틀어 놓고 음악에 맞추어 자주 춤을 추며 지내는 것을 생활화하고 있는 것을 알 수가 있다.

모든 사람들은 신체 나이가 있다. 골프와 등산은 50~60대이고, 수영은 60~70대이다. 그러나 사교춤은 70~80~90대도 할 수 있다. 콜라텍 공간에는 모든이들이 함께 어우러져 즐겁기 때문에 한번 들어오면 집에 가기를 싫어들 한다.
계절에도 관계가 없고 날씨에도 관계 없다.

365일 언제나 한결같은 놀이터이다. 자전거나 등산 골프는 날씨가 궂으면 할 수가 없지만 콜라텍은 그럴 염려가 없다. 운동을 즐기고 땀을 식히며 여담을 나눌 때는 남녀 간의 사랑 이야기 커플끼리 생겨난 이야기 70~80세가 되어도 연애 사건 이야기는 가장 재미있다.

그래서 뒤에 몇 건의 실화 사건을 들려드리려 한다. 뭐니 뭐니 해도 콜라텍의 꽃은 나이가 젊고 예쁜여자이다. 거기에다 춤까지 기교를 부리며 돌아가면 더할 나위 없이 금상첨화와 같다. 나이가 적거나 늙어도 여자 싫어하는 남자가 없다 듯이 남자 싫어하는 여자도 없다. 짠돌이 노랭이 할배도 침을 흘리며 지갑을 활짝 열어 놓고 파트너로 삼아 보려 한다. 이런 의욕적인 노인은 인생을 포기하지 않은 도전적인 사람이다. 욕망도 없고 돈도 쓸 줄 모르며 이성에 관심이 없는 사람은 살아있어도 아무 의미가 없는 인생을 포기한 사람이다. 정신적으로 의욕적 욕망을 가질 때 인체도 반응하지만 반대인 경우에는 정신과 육체는 장애자 일 뿐이다.

무위도식하며 하루하루 죽는 날만 손꼽아 기다릴 뿐이다. 콜라텍에 가장 많이 오는 연령층이 60부터 80대

들이다. 이들은 콜라텍을 모르는 사람보다 고혈압
당뇨 고지혈증이 훨씬 적어 병원에도 자주 가지 않으
며 10~20년 젊어 보이며 활력이 넘쳐있다.
춤을 추는 건강한 노인은 노취 냄새가 나지 않는다"
당신도 머리는 수정처럼 맑고 몸은 새털처럼 가벼우면

실버대학이라 할 수 있는 콜라텍에 입문해서 실버대상
이 되어 예술인이 되어 보라. 단 춤에 대한 기본기는
교습 받고 가는 것이 좋다.
골프나 수영, 등산은 동성끼리만 하는데 춤은 반드시
이성파트너가 있기 때문에 더욱 재미가 있다.
운동도 혼자 하는 운동보다는 같이하여야 더 잘하게
된다.
고스톱이나 장기바둑은 앉자 서만 하고 움직임이 적어
서 운동 효과가 적어 치매예방에 도움이 안 되지만 춤
은 반대다.
사람은 서서 움직이면 건강하고 앉아만 있으면 병들고
드러 누워만 있으면 죽는다.

사람은 동물과 달라서 생각하기에 달려있다.
즉 어떻게 마음을 먹느냐에 따라 자기에 인생이
가시밭길이냐 아니면 꽃길만 걷느냐에 달려 있다.
본 저자에 30만 독자 중 3만명과 인생 상담 결과를

보며는 게으르고 나태한 생각을 갖고 있는 사람은
삶에 대한 의욕이 적어 노화가 빨리 진행되고 부지런
하고 도전적인 사람은 늘 움직이며 일을 하여 성취감
을 맛보면서 더욱 분발하게 되므로 더욱 젊어 보이고
건강미가 넘쳐 보이기 때문에 진취적이다.
사람을 보면 첫눈에 알 수 있다. 아무렇게나 입고 다
니는 사람은 이 세상을 되는대로 살아가는 사람이다.
더욱 즐겁고 건강하게 질 높은 삶을 살려고 하는 사람
은 옷에도 신경을 쓰고 외출 시에는 상대에게 좋은 인
상을 받으려고 페로몬 향수를 옷이나 귀와 손목에
칙칙 뿌리고 나서 현관문을 나선다.

신체 건강 정신 건강한 사람은 외모에도 신경을 쓰며
자기 관리를 철저히 하는 사람이므로 매력적이라 인기
가 많다.
나이가 들면 얼굴 모습부터 변한다.
주름, 잡티가 생기며 얼굴 피부가 축 늘어져 내린다.
웃음이 없으면 무서워 보인다. 화가 없는데도 화난 것
처럼 보이기 때문에 웃음이 있어야 한다.
음악을 듣고 춤을 추며는 자신도 모르게 얼굴이 환해
진다. 주름 미백 잡티에 더욱 신경 쓰이면 저자가
개발한 보톡스가 듬뿍 든 기능성 크림을 사용하시길
바란다.

남성은 양코 크림
여성은 어머나 크림

어머나 크림은 가슴을 탱탱하게 얼굴 주름과 미백 효과에 탁월하다. 스프레이씩 페로몬 향수와 같이 사용하면 금상첨화다.
나이트클럽, 카바레, 콜라택에 출입하려면 이런 정도는 자신에게 투자하여 상대방에게 잘 보이려는 예의는 갖추어야 한다. 실버 홈쇼핑 (문의 010-8558 4114)
우선 얼굴이 빛이 나도록 보톡스 크림으로 관리해야 노년에도 대접 받는다.

나이 들었다고 칙칙하게 입으면 안 된다.
나이가 들을수록 환한 칼라로 입어 환해 보여야 한다.
할머니도 여자이기 때문에 화장을 해야 한다.
할아버지나 할머니들은 자기 관리를 하지 않으면 머리는 하얗고 얼굴 주름은 자글자글하며 등은 구부정하고 걸음걸이는 자분자분 걷는다.
그러나 자기 관리가 철저한 사람은 나이가 많아도 일자 걸음에 성큼성큼 걸으며 배는 들어가 날씬하며 눈과 귀가 밝으며 등은 꼿꼿하다.

이런 사람은 얼굴도 노인 같지 않게 주름도 없고 희며 광채가 난다.
저절로 젊어지고 젊어 보이는 것이 아니다.
자신을 사랑하고 삶에 대한 애착이 강하기 때문이다. 인생은 단 한번 뿐이다. 누구의 눈치 보지 말고 하고 싶은 것은 해보며 하루라도 더 건강하게 오래 살아 인간 승리를 하려는 사람들이다. 행복한 사람은 근심 걱정이 없어 목소리가 활기차고 사람을 대할 때 밝고 환하게 대하는 사람이다.

독불장군 벽창호 같은 꼰대들은 이런 소리를 하면 콧웃음을 친다. 이 나이에 뭐하러 힘들게 춤추러 다니느냐며 먼 나라 사람들 이야기로만 들릴 뿐 자신에게는 접목해 보려는 의지가 전혀 안 보인다.
인간은 천층만층이기 때문이다. 매사가 부정적인 사람일수록 읽기를 싫어한다.

그럴수록 점점 발전성 없이 퇴보한다. 오로지 자신의 생각만이 옳은 거로 착각하기 때문이다. 이렇게 사는 재미없이 아무런 낙이 없는 사람은 일찍 병들고 수명도 단명하다. 의학자들의 통계에 의하면 하루에 만보 걷고, 천자를 읽으며 백자를 쓰는 사람은 의사도 필요 없지만

움직이지 않고 읽지 않고 쓰지 않는다면 의사라도
고칠 수 없다는 말이 있다. 후자의 사람들은 늙어서
잠이 없어 잠이 안 온다는 말을 입버릇처럼 달고
산다.
늙어서 잠이 안 오고 밥맛이 없다는 말은 아전인수 격
으로 자기 유리한대로 하는 말이다.
움직이고 활동하면 나이가 제아무리 많아도 베개에 머
리만 대면 잠이 들고 식욕도 왕성하여 하루 3시 세끼
는 꿀맛 같은 식사를 하게 된다.

춤을 추며는 음악에 맞추어 돌아가기 때문에 근심
걱정 할 사이가 없다. 몸은 날씬하고 유연성 있게
섹시 해진다. 춤 선수들은 희노애락에 감정 표현도
잘하지만 초보들은 파트너 발이나 안 밟으려고 온통
거기에만 긴장 되어 있다.
그래서 춤을 추면 알 수가 있다.
하는 수 없이 마지못해 억지로 추는 건지 아니면
능동적으로 즐거워서 하늘을 날을 듯이 자발적으로
추는 건지 알 수가 있다.

부부 문제, 경제적 교만, 심적 고통 여러가지 근심으
로 정신 건강에 좋지 않을 때 춤을 추면 한순간에 날
려 버려 머리가 개운해지고 마음이 편해지는 느낌을

알 수가 있다. 힐링을 위해서 사우나에 있으면 노숙자나 대통령도 같은 인간으로서의 동급이듯이 희미한 네온사인 아래서 춤을 추는 사람들은 이와 같은 맥락으로 잘사는 부자나 못사는 사람이나 많이 배운 사람이나 배움이 없는 사람이나 누가 누구인지 모른다.
거의가 일회용같이 하루 파트너로 즐기다 헤어지면 그것으로 끝이기 때문이다.

혹은 호감이 있어 약속하여 자주 만나다 보면 인연을 맺는 것은 자신들이 알아서 할 일이다. 그러나 가끔 난장이에 곱추 같은 사람도 나타난다.
배는 앞산만큼 불룩이고 키는 상대방 허리도 미치지 못하면 맞지 않아 춤을 출 수가 없다.
춤추는 사람의 신체 조건은 없지만. 상대방 파트너와 키가 엇비슷하게 맞아야 한다.
남자는 여자를 리드 하여야 되기 때문에 댄스교습소에서 배우고 콜라텍에서 개인 지도를 받아야 실력이 느다. 남자가 춤 실력이 없으면 여자가 춤을 추다 손을 놔 버린다.

퇴자를 맞으면 창피하고 자존심이 상한다.
또 부킹으로 소개를 해주면 외모를 아래 위로 훑어 보고 싫다고 고개를 절래절래 흔들거나 손 사례를 치며는 춤을 추고 싶은 의욕까지 잃어 춤을 포기하기도 한다. 그래서 남자 기본은 강태공교습소에서 배우고 실전은 콜라텍에서 개인 지도를 받으며 실력을 늘려야 한다. (금마차 010-6218-8299) 여자는 춤을 잘 추는 남자를 만나면 춤이 늘기 때문에 춤 배우기가 쉽다. 춤을 잘 추면 예술인 대접 받는다.
창의력으로 기교까지 뿌리는 춤은 오랜 경험이 몸에 배었기 때문에 여자들에게 인기다.
손 한번 잡아보려고 식사도 대접받고 파트너도 또 한번 잡으려고 줄을 서서 기다린다.

춤을 잘 추는 90대 남자에게도 젊은 여자들이 부킹을 하지 않아도 불티나게 부킹에 바쁘다.
춤을 처음 배우려면 학원에서 몇 달 교습 후 콜라텍에 온 여자 손님에게 술이라도 사면서 실전을 쌓아야하기 때문에 돈이 든다.
다른 운동은 할 때마다 돈이 들지만 춤 운동은 한번만 배워 놓으면 입장료 2천원 밖에는 돈이 들지 않는다. 춤을 추면 다리에 근육이 붙어 심장이 튼튼해지고 부부 생활도 80대까지도 거뜬하다.

만약 발기 부전으로 부부 관계가 만족스럽지 못할 때는 약이나 주사보다는 "쇠말뚝, 큰놈으로 의료기구로

발기시키면 사정할 때까지 세우는 데는 큰 도움을 받는다. 실버 홈쇼핑 (010-8558-4114 전박사)
콜라텍에 춤추러 다닌다고 색안경을 쓰고 보던 말던 내 건강을 위하여서는 일주일에 두세 번씩 콜라텍에 가서 마음껏 즐기며 힐링 하듯이 운동하는 것이 좋다. 70대 할머니들도 춤으로 단련된 몸매는 젊게 보여 아가씨로 통한다. 이런 할머니들은 거의가 남자 친구가 있어 인생을 두 배로 산다.

음악을 들으며 감성이 풍부한데다 다리와 심장이 튼튼하니 콜라텍에서는 항상 이성이 충만하니 원하면 언제나 하시라도 상대를 상대 할 수가 있게 되니 이보다 황홀한 곳은 더 이상 없을 것 같다.
용모가 깨끗하고 잘생긴 남자나 예쁜 여자들은 사우나도 자주 다니고 옷도 깨끗하게 새로 자주 갈아 입으니 멋이 있고 매력적이기 때문이다.

춤을 추러 다니면서 자기 관리를 철저히 하기 때문이다. 사람은 늙은이처럼 행동하고 노티 나게 입고 다니면 늙어 보이지만 젊게 행동하고 젊게 입고 다니면 젊어 보인다.
나이 든 노인들의 하루일과는

① 하루 종일 TV 보고
② 동네 한 바퀴 산책 하고
③ 성경 읽기
④ 밥 때를 기다리는 일로
⑤ 틈만 나면 드러 눕는 일이 전부다.

이외 3번 약 찾아 복용하기 등... 그러나 젊고 건강한 사람은 다르다.

① 아침밥만 먹으면 밖으로 나간다
② 사회활동을 하며 교류한다.
③ 소일거리로 일을 하며 부지런하다.
④ 자신 건강을 위한 운동을 한다
⑤ 좋은 생활 습관으로 자신을 철저하게 관리한다.

이렇게 양극화와 같이 차이 나는 습관은 반드시 결과로 돌아온다.

본 필자도 젊은 시절부터 손님 접대를 받게 되어 카바레나 나이트클럽으로 자주 가곤 하였었다.
반포에 청록회관 종로에 국일관 영등포에 금마차 대전 목적교 상가에 나이트클럽 대구에 칠성 캬바레 광주에 무등캬바레, 부산에 국제 호텔 나이트 등등 수 없이

가게 되었지만 춤을 출 줄 몰라서 술자리만 지켜 앉아
있자니 머쓱하기만 하였었다.
간혹은 댄서에 순정 노래 음악에 맞추어 댄서가
리드 하지만 기본기가 없으니 손을 놓고 들어오기만
하였다.
그러다 보니 늘 보리자루를 꾸어놓은 것처럼 앉아만
있다 보니 지루하기만 하였다.
그러나 이번 매력을 쓰기 위하여 실버들의 낙원 매력
을 집필하기 위하여 취재차 금마차 콜라텍을 비롯하여
태윤, 동남, 대성, 영신 여러 콜라텍에서 얻은 지식은
신체적 정신적 건강에 최고며 여러모로 장점이 많다는
것을 처음 알았다.
춤은 아무리 운동을 해도 질리지가 않는다.
그리고 춤이 질리지 않는 것은 상대가 이성이기 때문
에 싫증이 안나는 것은 매일 파트너가 바뀌기 때문에
매력이 있기 때문에 질리지가 않는다.

수영은 물과 싸우고 등산은 산과 싸운다. 사교춤은 매
일 새로운 이성을 만난다. 그러니 싫증이 나거나 질리
는 일은 있을 수가 없다. 만약 사별이나 이혼으로
외톨이가 되어 쏠로 라면 콜라텍이야말로 지상
낙원이다.
 언제나 소통할 수 있는 사람이 있고 같은 처지에 같

은 년배들이 항상 있어 쉽게 친숙해진다.
또한 성적인 문제를 가장 쉽게 해결할 수 있는 곳도 콜라텍이다. 인생의 즐거움 중에 가장 큰 즐거움은 87%를 차지 한다는 섹스다.
외로움을 달래 주는 이성 친구는 내가 마음먹기에 따라 건전하게 사귈 수가 있다.
콜라텍 때문에 좋은 점은 한 두가지가 아니다.

① 노인들이 더욱 건강해져서 병원에도 덜 가게 된다.
② 홀로되어 외로움으로 우울증이 생겼던 것이 나아졌다.
③ 콜라텔 주변 러브호텔에 매출이 높아진다.
④ 따라서 음식점들도 손님이 많아지니 소상공인들을 돕는다.
⑤ 즐겁고 행복해지면 정치인에게 표가 몰린다.
   그러나 세옹지마 처럼 좋은 일이 있으면 나쁜 일도 생기게 마련이다.
할머니 꽃뱀에게 물리면 돈 빼앗기고 선물로 성병까지 얻는다. 함부로 사귀지 말고 세심한 주위를 하며 이 점만 주의하면 실버들의 무릉도원이다.

물만 먹어도 뱃살이 늘거나 나이 살로 체중이 느는 여자들의 고민은 생각보다 훨씬 심각하다.

마음껏 먹은 만큼 움직이지 않았기 때문이다.
뚱스 때문에 몸매가 절구통 같은 여성들에게
S라인으로 만드는 다이어트는 뱃살이 들어가는 춤 이
상으로 명약은 없다.
먹은 만큼 흔들고 움직여서 칼로리를 소모하면 살이
찌고 싶어도 절대로 체중은 늘어나지 않는다.

젊은 아가씨나 나이 많은 할머니나 날씬하고 섹시 해
지고 싶다면 다른 운동보다는 춤 운동으로 다이어트
하는 것이 최고의 힐링이다.
한 번 찐 살은 여간해서 빠지지가 않는다.

얼굴이 예쁘더라도 몸매가 뚱스면 매력은 떨어진다.
남자는 양팔을 벌려 가슴속으로 쏙 들어오는 여자를
좋아한다.
그래서 여자들은 날씬해지려고 목숨을 건다.

몸집이 산 만하면 섹시함이 없어 마음이 멀어진다.
그런데도 여자는 누구나 공주병에 걸려 있어 자기의
외모가 제일 예뻐서 남자들이 좋아하는 타입이라고 공
주병을 알고 있다.
남자 보기엔 별로인데도 체중이 과체중이건 평균 체중
미달이건 공주병은 약도 없어 고칠 수가 없다.

3. 실버들의 낙원

낙원이란? 아무런 괴로움이나 고통이 없이 안락한
　　　　　즐거운 곳이다. 고난과 슬픔 따위는 느낄
　　　　　수 없는 곳이다.

음악과 춤이 있고 술과 여자가 있으니 낙원이다
강남은 룸싸롱의 왕국이라면 영등포는 콜라텍의
메카이다.
강남에서 제일 큰 버닝썬 룸사롱에 만수르 셋트는 하
루저녁 술값이 유명여자 연예인이 시중을 들어 1억원
까지 호가하지만　영등포에서는 입장료가 2,000원밖
에 하지 않는다.
콜라텍은 규모나 이용자가 많은 영등포를 따라오는
곳이 없다.

규모가 제일 큰 콜라텍에는 주말에 3,000명 이상이
남녀가 몰려온다.
콜라텍에 올라가기 위한 엘레베이터 앞에는 긴 줄로
이어져서 순서를 기다린다.
지하 주차장부터 만원 일때는 1층에 서서 하염없이
기다려야만 된다.

입장료 2천원을 내고 옷과 가방을 맡기기 위한
보관소는 천원을 내면서도 몇 십분 씩 기다려야 한다.

보관소 직원이 서너 명이나 되는 데도 얼마나
사람들이 몰려오는지 감당이 안 된다.
플로어에는 춤을 출 자리가 없다.
틈새를 비집고 들어가 이리저리 엉덩이가 부딪치면서
춤을 춘다.
매점이나 식당에도 앉을 자리가 없다. 콜라텍의 인기
조건은 음악이다. 연주자의 음악이 어떤 가에 따라
손님은 몰린다. 40분씩 연주자 두 명 이서 번갈아
교대하며 연주한다. 콜라텍 중에서도 물 좋은 곳에는
젊은 여자들이 많기 때문이다.

콜라텍에 오는 실버들의 인생관은 하고 싶은 일을
원하는 대로 하고 후회 없이 즐겁게 살다가 인생을
마치자는 주의다.
실버들은 늘 보이다가 느닷없이 안 보이면 세상과
이별한 것이다.
노인들은 정정하다가도 느닷없이 3일을 드러누웠다.
가는 것이 노인들의 알 수가 없는 수명이다. 때로는
섹스를 하다 복상사를 하여 밤새 안녕 인 것이다. 그
래서 지각 있는 노인들은 움켜쥐고 아등바등 살려고

몸부림 치지를 않는다.
지혜가 짧고 어리석은 노인일수록 안 먹고 안 쓰며 살다가 남 좋은 일만 시키고 처량하게 죽는 노인들이다. 아이 하나도 키우려면 마을 사람들이 다 필요하고 노인이 죽으면 도서관 하나가 불타 없어지는 것과 같다고 하듯이 콜라텍에 인간시장을 보지 못하고는 풍부한 경험이 없기 때문이다.

콜라텍 안에는 별의별 사람이 다 모여 있기 때문에 마치 김홍신 소설가에 인간시장을 보는 듯 하다.
나이는 50부터 90대까지 직업은 사업가부터 일용직 노동자까지 그리고 소일거리가 없는 백수는 70%가 넘는다.
직업을 가진 사람 중에는 아파트 경비원이나 버스 택시 자동차 운전기사가 제일 많다.
간혹 의사 공무원도 끼어있다.
여자는 식당 써빙녀, 자영업, 청소부, 주부 등등 다양하다. 남녀의 수준을 보면 젊은 신사부터 막돼먹은 조폭 기질까지 꽃뱀 같은 여자부터 거지 같이 얻어만 먹으려는 사람까지 인간시장을 그대로 방불케 한다.
콜라텍은 이러한 여러 가지 부류가 있지만 한번 발을 들여 놓으면 중독이 되어 발을 뺄 수 없는 마력을 가지고 있다.

마약을 먹은 것처럼 시간만 나면 매일 오고 싶은
곳이 콜라텍이다.
고스톱이나 바둑을 두는 사람 등산이나 탁구를 하던
사람, 낚시를 다니던 사람들이 한번 콜라텍에 오면 다
집어치우고 콜라텍을 선택하여 자주 오게 된다.
이성이 있고 음악이 있고 술과 여자가 있기 때문이다.
남자는 여자 싫어하는 남자 없고 관 앞에서도 여자 생
각이 난다 하듯이 여자 역시도 마찬가지다.
여자도 남자 파트너 만나서 춤추어 보려고 여자가 더
많이 와서 남자가 모자란다.

여자는 수동적이기 때문에 내숭을 떨어 표현을 않기
때문이지 잘 먹고 잘 살다 보면 성욕도 왕성해서 남자
가 그리워지고 매력 있는 남자가 있으면 그 남자 품안
에 안겨보고 싶은 욕정이 살아나는 것이 여자의 본능
이기 때문이다.
배우자와 아이들이 있는 경우에는 눈치를 보면서 집에
서 빠져나와 콜라텍에 가려는 의욕을 감출 수가 없다.
더군다나 콜라텍은 365일 쉬는 날이 없다.
연중 무휴로 점심때부터 밤늦게 까지 영업을 한다.
명절 설이나 추석에는 더욱 손님이 만원이다.
그러나 설 추석 전후에는 여자 파트너가 품절이다.
남자들끼리만 놀다 가는 경우가 허다하다.

이때에 나오는 여자는 외모에 관계없이 인기가 하늘
높이 치솟는다.

그러나 웬일인지 명절날에는 여자가 많다.
콜라텍에는 부킹 만 해주는 언니가 따로 있다.
남자들은 나이가 많아도 자기 주제를 모르고 1~2만원
팁을 주며 젊고 예쁜 여자만 부킹을 원한다.
부킹 언니는 너무도 많은 파트너를 맺어 주다 보니
천생연분처럼 비슷비슷한 사람끼리 잘 맞아 준다.
이곳에 오는 사람들은 나이를 가늠 할 수가 없다.

부킹으로 파트너가 되어 인연이 된 커플 들은 춤을
출 때도 찰싹 밀착되어 꼭 안고 춤을 추면 때로는
구석으로 몰고 가서 찐하게 키스도 한다.
상대 가슴 속에 손을 넣거나 히프를 만지기도 한다.
그들은 6시간 춤을 추고 나서는 식사를 하면 근처에
있는 러브호텔로 직행하기도 한다.
70대 80대는 발기 부전으로 남자 구실을 못하면 쇠말
뚝 큰놈 의료기로 5분전에 발기시키니 남자친구에
실력을 잘 아는 여자친구는 상대방 능력에 혀를 내두
르며 만족해한다.

그런 할아버지가 다른 여자에게 한눈을 팔면 할머니가

옆구리를 꾹 찌르며 눈을 하얗게 흘긴다.
할머니라도 여자이기 때문에 질투를 내는 것이다.
좋은 콜라텍 때문에 제2에 인생을 즐겁게 보내게 되니 60-70대 할머니들은 살맛이 난다.

좋은 콜라텍이란? 실버대학 금마차 콜라텍 같이

① 연주자의 음악질과 노래를 잘 부르는 곳이다.
② 물이 좋아 젊고 수준이 높은 곳이다.
③ 사람이 많은 북적거리는 곳이다.
④ 음식이 맛있고 저렴한 곳이다.
⑤ 피해를 보는 일이 없는 곳이다.
콜라텍은 양면성이 있다.

건강을 위한 스포츠에 기여하기도 하지만 불륜의 온상이라는 안 좋은 이미지도 있다. 지금은 춤이 대중화가 되어 춤 인구가 어느 스포츠보다 가장 많은 인구를 가지고 있다. 댄스교습소학원, 문화센타, 노인복지관에서 춤을 배우면 누구나 콜라텍을 직행하여
5천만 인구 중에 300만명은 춤 인구이기 때문에
주중에는 2천명 주말에는 3천명이 몰린다.
무료 전철을 타고 천안서부터 평택 수원 안양 그리고 인천부천 강화 고양 일산 의정부 성남 구리 여러

곳에서 설날 귀성 인파처럼 영등포로 몰려온다.
거의가 할아버지 할머니들이다. 50대 여자는 숫처녀로 통하고 60대는 처녀로 통하며 70대는 아가씨로 통한다. 할머니들도 염불에는 마음에 없고 재밥 에만 마음이 있어 하는 경우도 있다. 아니 할머니도 연애를 하고 싶어 한다. 그렇기에 다섯 명중 두 명은 자위를 한다는 통계 까지 있다.
돈이 많은 할머니는 돈으로 춤 선생이나 남자친구를 만들려는 경우도 있다. 아파트 한 채를 줄 터이니 자기와 사귀자는 제의도 받아 보았다고 한다.
그러나 제비가 아닌 남자들은 마음에 안 두기 때문에 할머니 말을 거절한다.
할머니는 하는 수 없이 일주일에 한 번씩 리어커를 끌고 와서 헌 신문이나 헌 박스 고물을 가져가는 50대 남자에게 노골적으로 제의를 한다. 고물수거 하는 집 할머니의 딸도 과부이기 때문에 고물장사는 양다리를 걸쳐 님도 보고 뽕도 따는 인생 역전이 되었다는 실화까지 들린다.
부정적인 사람에게는 눈에 거슬리는 것만 보이지만 긍정적인 사람에게는 매력적인 것만 보인다.
사람은 아는 만큼만 보이기 때문이다.
열정적이고 애틋한 사랑을 하고 싶은 것은 젊은사람들 뿐만 아니라 할아버지 할머니도 마음만은 청춘이다.

젊은 사람들은 나이가 든 노인들이 사랑을 하며 연예를 한다는 것에는 의아하게 생각한다.
그래서 콜라텍을 저급하다고 생각한다.
노인들도 남은 인생을 불꽃을 태우며 마지막 인생을 이성과 사랑하며 살아가고 싶어 한다.
그러나 이성을 만나기가 쉽지가 않다. 나이가 든 노인들은 거의가 독신자가 많다. 사별을 하였거나 이혼 후 혼자만 지내 왔기 때문이다. 그래서 홀아비 사정 과부가 알고 과부사정 홀아비가 알듯 이심전심이다. 파트너가 되어 몇 번 춤을 추게 되면 눈이 맞아 대화가 통하고 감정에 전류가 흘러 연예가 시작된다.

젊은 사람들만 로맨스가 있는 것이 아니다 나이가 적으나 많으나 남녀가 있는 곳에는 스캔들이 있게 마련이다. 골프 치러 가거나 등산으로 산악회에 가거나 콜라텍에서 만나는 것도 다를 바가 없다.
남녀의 관계는 음양의 이치로 자석과 같기 때문이다. 태고적부터 신은 인간에게 사랑이라는 선물을 주었기 때문이다.
 인류가 몇 천년을 이어져 나가게 한 것을 사랑이 없었다면 세상은 벌써 종말을 맞이하였을 것이다.
콜라텍이야 말로 매력이 있는 이성과 잘 돼가는 썸타기가 가장 많은 곳이다. 썸타다란 관심 가는 이성과 잘돼 가거나 관심 있는 사람과 연애하기 직전의 관계를 유지하는 것이다. 이곳만큼 성이 개방된 공간도 없다 열명 중 두 명은 지고지순하여 자신의 몸을 철옹성같이 지킨다.
블루스를 출 때는 찰싹 달라붙어 끈적끈적하게 스텝을 밟는다. 끼 있는 춤꾼은 성에 대한 그리움이 노골적이다. 열명 중 일곱명은 파트너가 있고 열명 중 세명은 부킹으로 파트너를 만든다.
매력 있는 남자에게 대담하게 대시하여 남의 애인을 뺏기도 하고 개똥 참외는 먼저 찾은 사람이 임자라고 매력 있는 여자에게는 먼저 찜하려고 신경을 쓴다.

처음에는 새침떼기 할머니들도 얌전한 고양이 부뚜막에 먼저 올라가다 보니 오래 사귀지 못하고 쉽게 만나고 쉽게 헤어지는 경우가 다반사로 많이 볼 수 있다. 의도적으로 일회용 파트너만 새로 만드는 오래 사귀지 않는 철칙을 가지고 있는 사람들도 있다. 반대로 10년 이상 지속적으로 같은 사람만 만나는 순정파 파트너들도 있다.
허풍쟁이나 거짓말쟁이는 쉽게 파트너와 사귀지만 들통이 나면 오래 가지를 못하고 헤어진다.
콜라텍에서는 꼬리표가 붙으면 소문이 영등포 전체로 퍼진다. 제비야 꽃뱀이야 양아치야 바람둥이야 양다리야 저 여자는 남자가 많아 이렇게 낙인이 찍히면 춤꾼들은 쉬쉬하면서 피한다.
시니어 모델이나 콜라텍 춤꾼은 키가 커야 한다는 선입견은 버려야 한다. 외모보다는 실력이다.
의외로 모델이나 춤쟁이 중에는 작은키 들이 의외로 많다. 그러나 키 큰사람 보다는 실력이 출중하다.

지금의 실버시대 노인들은 40년대 5~60십 년대 가난하여 배골은 시대에 태어났기 때문에 영양부족으로 성장이 멈춘 탓이기 때문에 키 작은 노인들이 많다.
가난에서 배골은 사람들은 키는 작으나 모두 들 성공하였다.
지긋 지긋한 가난을 벗어나기 위한 몸부림은 부지런하고 끈기 있게 만들었기 때문이다.
키 큰 사람들의 춤은 싱겁지만 키작은 사람들의 춤은 맵고 달고 시면서 오미자 맛이 나기 때문이다.
외모가 멋지고 키 큰 사람보다는 춤을 잘 추는 사람이 인기가 더 많다.
음악을 듣고 리듬과 박자에 맞추는 이해력이 뛰어나면 유연해지고 부족하면 뻣뻣해 몸이 딱딱하다.
춤 실력이 없으면 상대 해주려는 파트너가 없다.
거절을 여러 번 당하면 춤을 포기하고 그다음부터는 보이지를 않는다.

여자를 리드할 수 있을 때 콜라텍에 와야 한다.
부킹 시 여자가 거절한다고 자존심 상하여 욕을 하면
안된다.
 신사도를 지켜서 그럴 수도 있겠지 하며 너그러운 마음으로 물러서고 더욱 춤 실력을 키우는데 전력을 다하여야 한다.
콜라텍 실내는 어둠침침하여 나이를 가늠하기 어렵지만 조명 빛에 예뻐 보인다. 조명발에 화장발에 예뻐 보인다. 그래서 실제로 보이는 나이보다는 10년은 더 붙여서 추정해야 실제 나이다.

조명 빛 에서는 반하지만 밖에 나와서 보면 실망한다.
여자는 젊은 시절에는 주로 얻어만 먹었는데 나이가 늙으면 할머니가 주로 돈을 써야 한다.
몸값에 주가가 뚝 떨어져 바닥을 치고 있기 때문이다
할아범이 할매와 춤을 처음 배우게 되면 재미가 있어 신기하여 온통 춤 생각만 난다.
혼자 있을 때도 살짝 간 사람처럼 음악에 가사를 흥얼거리고 스텝을 밟는 엉덩이를 들썩거린다. 바둑을
배울 때는 누우면 천장이 바둑판이 보이고 바둑알을 놓듯이 춤도 배울 때는 전철 속 에서도 자신도 모르게 스텝을 밟는다.
빨리 배워서 콜라덱에 가서 시연을 해 보고 싶어한다.

콜라텍 빨리 가고 싶은 것은

① 만보 걷기보다 춤으로 그 만보를 걷게 되기 때문이다.
② 음악이 있어 즐겁고 모든 잡념이 없어지기 때문이다
③ 많은 사람이 있어 파트너를 손쉽게 골라잡을 수 있기 때문이다
④ 비용이 저렴하여 경제적인 부담이 가지 않기 때문이다.
⑤ 비가 오나 눈이 오나 날씨에 구애받지 않고 언제고 문이 열려있기 때문이다
⑥ 60까지 못해본 것을 제2인생에서 새로운 사람들과 어울려서 멋지고 즐겁게 꾸려 보기 때문이다

콜라텍은 60부터가 가장 적합하다.
40~50대까지는 직업에 충실하고 나서 돈을 벌어 놓은 다음에 정년퇴직 후에 다니는 것이 이상적이다.
한번 뿐인 인생은 연습이 없다.
삶에 질을 높이기 위한 인생관은 후회되지 않을 것이다
절묘한 것은 또 있다. 콜라텍 만큼 이성 비율이 잘 조화를 이루는 공간도 없다. 남자가 500명이면 여자도

500명이상으로 손을 맞잡고 놀기 때문에 가장 좋은 곳 인지도 모른다. 처음 보는 이성끼리도 손을 안 잡을 수가 없어 스킨쉽이 자연스럽게 저절로 되는 것이 사교춤이다.

마음만 먹으면 파트너를 쉽게 만난다. 남녀가 서로 파트너를 만들어야 춤을 줄 수 있기 때문이다.
이성을 사귀려고 작심하고 춤을 배워서 오는 사람들도 상당수 있다.

그러나 운동하러 온다는 목표를 잃지 않아야 한다.
이곳은 혼자서는 춤을 출 수가 없는 곳이다.
반드시 이성의 파트너가 있어야 제 맛이 나는 곳이다.
인적 자원이 풍부하니 바라는 파트너는 얼마든지 있다. 춤은 마약과 같아서 한번 빠져들면 중독이 되기가 쉽다. 비용도 얼마 안돼 늘 다른 상대의 이성이 있어서 더욱 즐거워 빠져든다.

매일 춤을 추워도 질리기는 커녕 재미가 있어 시간 가는 줄도 모른다.
춤은 여러 사람이 추워야 제 맛이다. 그래야 춤도 늘고 춤을 처음 배우는 왕초보 병아리 들은 파트너를 단골로 정하지 않고 자신의 춤이 숙련될 때 까지 많은

파트너와 춤을 추어 몸에 배어 실력을 늘려 나가야
한다.

컴퓨터로 워드를 칠 때 초보는 독수리 키워드를 치지
만 숙달이 되면 눈을 감고도 능수능란하게 워드를
쳐 나간다.
춤도 이와 같다 연습량에 따라서 실력은 몸에 베이는
것이다.

4. 세상은 요지경

범죄란? 법을 어기고 저지른 잘못으로 인한 죄를 말한다. 범죄라는 것을 알고도 자기 이익을 얻으려고 돈을 갈취하기 위한 목적으로 제비와 꽃뱀들이 득실거리는 곳이 콜라텍이다. 카바레 전성시대 보다는 적지만
늙은 제비와 늙은 꽃뱀까지도 돈을 뜯어내려고 혈안이 되어 있다. 그러니 정신을 바짝 차려야 한다.
함부로 이 사람 저 사람을 만나고 친해지려면 안된다. 콜라텍에 드나 들려면 가정이 있고 직업이 있다는 의식을 가지고 있으면서 알리면 안 된다.
지혜로운 사람은 자신 관리를 철저히 하는 사람이다. 사람관리 재산관리 시간관리 이미지관리 건강관리를 잘해야 한다.
여러 파트너와 손을 맞잡다 보면 유난히도 손에 땀이 많은 사람은 당뇨병이 있기 때문이다. 그게 아니라도 쉬는 타임에는 손을 자주 씻는 습관을 가져야 한다.

베일에 싸인 사람이 되어야 더욱 신비롭다.
제비의 특성은 돈 있는 여성을 꼬셔서 춤을 추어 주고

잠자리에서 만족을 주기 위하여 오만 테크닉을 구사하여 자신에게 흘리게 한 다음에는 이런 저런 이유를 대며 돈을 꾸어 달라고 한다.
응하지 않으면 협박까지 하며 강제로 나온다. 꽃뱀은 갖은 애교로 남자의 환심을 사려고 접근해온다.
꽃뱀은 자신이 혼자 사는 독신이라는 것을 자랑삼아 이야기한다. 나이가 듬직하고 돈 있어 보이는 노인에게 유혹한다.

상대에게 안심시키려는 의도된 계획이다. 남자가 자신을 마음에 들어 하면 물불을 가리지 않고 적극적으로 나온다. 남자는 여자가 혼자 살면 겁이 난다. 돈 많은 남자를 원하는 여자들이 많아 혹시 달라 붙으려는 것은 아닌가 하기 때문이다.
여자도 마찬가지다. 가정이 없는 남자는 돈이나 있는 줄 알고 여자에게 들러 붙으려기 때문에 홀아비라면 질색을 한다.
 각자가 즐기고 가정으로 알아서 헤어지는 것이 바람직하게 여기는 것이 좋다.
혼자 사는 남자나 여자는 자칫하면 집착하며 끈질기게 들러 붙으면 가정이 파탄 나게 되기 일수이다.
춤추러 오는 여자 중에 가정 있는 유부녀가 1순위다.
춤추러 와서 만난 사람에게 돈을 꾸어 주었다면

그들은 받을 생각 하지 않고 주는 것이 바른 생각이다 그 사람 형편이 어려워 도와주었다고 생각하면 마음이 편하다.
 받지도 못하고 내내 생각만 하면 스트레스가 쌓일 뿐이다. 75세인 이승연은 68세인 김정수에게 연상의 여인 으로서로 좋아 죽고 못 살았다.
김정수는 아들이 폭행죄로 구속되게 생겼는데 합의를 보면 구속을 면하게 되니 2천만원만 빌려 달라고 이승연에게 이야기하였다.
김정수는 아내와 사별하고 혼자 살면서 콜라텍에서 처음 만난 파트너라고 하였다.
이승연은 김정수에 말을 곧이 곧대로 듣고 2천만원을 선뜻 주었다.

그후로는 고마워서 자신에게 배신하지 않고 더 잘 해주리라고 생각 하였지만 영원할 것으로 알았던 꿈은 얼마 안가 깨어졌다.
잡은 고기에게는 먹이를 주지 않는 법이 듯이 잠자리도 뜸해지더니 어디로 도망갔는지 나타나지는 않았다 이런 것이 제비고 사기꾼이다.

늙은 꽃뱀 최부순(63세)은 요양보호사였다.
주말에는 머리도 드라이하고 옷도 곱게 입고 화상도

짙게 하고 나타나니 누가 청소부라고 믿지를 않았다. 얼굴도 예쁘장하고 60대로 보이니 남자에게 인기였다. 그녀는 아무나 손을 잡지 않고 나이가 있고 돈이 있어 보이는 할배하고만 골라서 파트너 상대가 되어주었다. 돈 많은 할배는 최부순에게 환심을 사려고 금목걸이 금팔찌 선물을 하고 잠자리를 할 때 마다 몇십만원씩 용돈을 얻어 쓰더니 임종대 노인이 영양가가 없다 싶으니 차츰 차츰 멀어지더니 양다리를 걸쳐 새로운 말로 갈아타고 말았다.
최부순이 배신을 하자 임종대는 죽은 자식 불알 만지는 격이였다. 이러한 여자가 늙은 꽃뱀이였다.

필자의 애정 소설을 보고 여성 독자들이 많이들 찾아왔다.
필자는 그녀들의 심리를 꿰뚫어 보았다.
독자들이 온다는 시간에 맞추어 광고 거래처 조국장에게 연락을 하며는 점심시간이나 저녁 시간에 어김없이 와서 찾아온 독자인 여인과 셋이서 합석하여 식사를 하고 나면 조국장이 식대를 내고 필자가 슬그머니 자리를 비켜 주면 연애 박사인 조국장은 어김없이 끌고 가 성사가 되어 골인을 하였다며 고맙다는 인사를 해오곤 하였다.
이런 식으로 여러 여자를 분양시켜 주었다.

조국장은 워낙 식성이 잡식성이라 그런지 분양시켜준 그녀들과 간혹 만나면서도 북창동이나 회현동에 탈북녀들과 성매매를 하러 다녔다.

하루는 분양에 대한 감사에 인사로 대접을 한다며 인사동 전통 한식집에서 저녁 식사와 술잔을 나누더니 탈북녀가 있는 곳으로 가자는 것이었다.
그게 무슨 소리냐고 하니 그동안 다섯 여자를 소개팅 시켜 주었으니 자기는 20대 탈북녀를 대접하겠다는 것이었다.
단골로 다녀서 포주을 잘 알기 때문에 귀한 손님 모시고 갈 터이니 20대 여자로 예쁘고 섹시한 여자로 대기 시켜 놓으라고 예약을 하였다는 것이였다.

본 필자도 남자인 이상 호기심이 있어 구미는 당겨도 단호히 거절 하였다.
첫째는 성병 감염이 무서웠고, 둘째는 성매매 단속에 걸리면 망신을 당하기 때문이였다.
여자 한번 재미 보려다가 얻는것 보다는 잃는 것이 더 많은 것이기 때문에 다음 스케쥴에 약속이 있어서
가야 한다고 다음에 가자며 우회적으로 핑계를 대 거절하였다.

60대 초 조국장 같은 친구는 제비도 아니고 꽃뱀에게 당할 일도 없었다. 가정이 있어도 정력을 주체치 못하는 정력가다 보니 젊은 탈북녀와 즐기는데 10만원이면 가격은 저렴해도 너무나 저렴한데도 8만원으로 깎자고 하는 노랭이였다.
그런 친구가 본 저자의 출판 기념회에는 나타나지 않았다.

친분이 돈독하여 오지 않을 사람이 아닌데 혹시 날짜를 잘못 알았나 하고 전화를 하니 받지 않는다 더욱 궁금하여 조국장 사무실인 광고대행사 사무실로 전화를 하니 일주일 전에 아산 병원에 입원하여 췌장 암말기로 위급한 상태로 중환자실에 있다는 것 이였다.
깜짝 놀라서 출판기념회를 마무리도 하지 못하고 달려가 보니 췌장암 말기로 검사 받은 후 10여일 만에 사망하였다
췌장암은 전조증상이 없어 병원에 왔다 하면 이미 말기암 4기로 손쓸 방법이 없다고 한다.
아직은 죽기에는 60대로 이른 나이였다.
조국장은 고인이 되었지만 그에 부친은 100세로 정정하신 노인이시다. 수명은 유전이라는 말도 맞지 않는 것 같다.

그동안 조국장은 건강 체질로 정력이 왕성한 호색한 이였는데 갑작히 급사를 하니 아직도 거짓말만 같아 생생하였던 모습이 자꾸 떠오른다.
사람은 이와같이 한치 앞을 내다보이지 않는다.
조국장은 아파트가 6채나 갖고 있는 부자다.
그러나 무슨 소용이 있겠는가 머리카락 한 올 못 가지고 빈손으로 가는 저 세상을 돈을 벌려고 아등바등 야무지게 살아가던 그에 모습이 새삼스러워 진다.
소개팅 분양해 준 그녀들에게도 돈이 아까워 택시비 하라고 2만원 만 주었다니 이럴 줄 알았으면 20만원은 더 주었을 것이다. 탈북녀 성매매가 10만원 인데 2만원도 깎아 8만원 만 주었다는 소리를 듣고 참으로 야박한 사람이라 들었는데 이럴 줄 알았으면 10만원에 팁을 더 부쳐서 20만원은 주었을 것이다.
참으로 "인생무상, 안타까운 일이다.

그래서 죽은 정승이 산 개만 못하다는 속담도 있다.
한번 죽어지면 권력도 금력도 소용이 없어 살아있는 개만 못한 처지라는 것이다.
국민건강검진을 2년에 한 번씩 정기검진을 받지만 췌장암 검사를 따로 받는 사람은 거의가 없다.
그러므로 췌장암으로 검사결과가 나오면 사형선고나 마찬가지다.

암중에서도 악명 높은 암이 췌장암이다.
암 진행이 빠르고 완치율이 높지 않아 5년 생존율이 13% 정도다. 초기 증상도 없어 이미 혈관을 타고 이곳저곳 장기에 전이가 되어 손을 쓸 수 없는 상태다 췌장이 제 기능을 하지 못하면 없던 당뇨병도 생기게 된다. 원래 당뇨가 있던 사람이라면 췌장암으로 인해 당뇨가 악화될 수가 있다.
췌장암은 진행이 매우 빨라서 2~3개월 만에 급속도로 말기 암이 되어 손 쓸게 없게 된다.
80% 이상이 췌장암 3기에 진단을 받게 되는 경우가 허다하다 수술을 받고도 약 80% 이상이 재발을 하며 다른 장기까지 전이되어 또 다른 장기에 암이 생긴다. 황달 증상이 보이면 초기이므로 빨리 병원에 가야 한다. 45세 이상부터 발병이 많이 되며 흡연이나 음주

췌장염. 가족력이 있으면 항상 조심 하여야 한다.
① 소화가 안 되고 가스가 찬다.
② 명치끝이 아프고 심한 복통이 난다.
③ 허리와 등에서 통증이 난다.
④ 급격한 체중감소 식욕 부진이 생긴다.
⑤ 황달 가려움 소변색이 진하다. 이런 증상이 없을 수도 있으니 가족력이 있다면 일 년에 두 번씩 검사를 받아야 한다.

운동을 해서 면역력을 키운다면 만병을 물리칠 수 있다
그러나 과유불급으로 운동도 지나치면 독이 되어 운동을 아니 한 만 못하다.
스포츠 댄스 사교춤도 자신의 체력에 맞게 적당해야 한다. 그리고 파트너가 풍년이라고 정력을 낭비하면 수명을 재촉하는 결과가 오게 된다.

인간은 자신이 행한 대로 반드시 되돌려 받게 되어 있다. 쾌락을 즐길 만큼 수명은 반비례 된다는 점을 늘 염두 하여야 한다.
조선시대 임금님들이 3천 궁녀들에게 씨를 주려고 매일 밤 방사를 하다 보니 평균수명이 40세 밖에 안 되었듯이 고인이 된 조국장도 닥치는 대로 방사한 결과로 70도 안 되어 세상을 등지게 된 것이 아닌가도 생각된다.
또 한가지 예를 더 들자면 사회생활을 하는데 양아치 같은 사람이 간혹 있다.
졸부 근성으로 거지 습성이 몸에 베인 것도 습관에서 비롯되었기 때문이라 자신에 돈은 아까워서 쓰지를 않고 남에게 얻어만 먹는다.
그런 사람 자기 관리를 할 줄 몰라 자신에게 투자

하는게 없어 수명이 짧게 일찍 사망하는 사람들을 여럿 보았다.
돈이 아까워 포장마차에서 깡소주를 안주 없이 깡소주만 마시는 지독한 노랭이 식사때 마다 싼 것만 먹으려고 라면이나 국수만 먹는 지독한 짠돌이 이런 사람들은 면역력이 약해져 큰 병이 오고 영양이 불균형으로 장기가 병들어가 암이 되어 일찍 죽는다.
좋은 음식은 돈이 아까워 절대 먹지를 않고 이미 병들어 죽기 직전에서야 그동안에 잘못 살아온 것들을 후회한다.

빌딩을 가지고 있어도 행동이 저질스러우면 대접을 못 받는다. 평생에 남의 것만 얻어먹어 보아서 몸에 베게 되니 양아치 기질이 습관이 되어 버렸다.
커피 한잔 밥 한 그릇 소주 한잔 살 줄 모르는 남자들이 의외로 많다.
 이런 새가슴들은 자신의 아들 딸 결혼식에는 빠짐없이 청첩장을 보내줘 봤던 하객이 청첩을 그 사람이 하였을 때는 가지 않는다.
한마디로 막 되어 먹은 저질스러운 못난 인간들이다. 그래서 가정교육도 필요하고 사람 사는 법도 배워야 한다. 혈통이 양반이면 대대손손 그에 자녀들은 신사도를 지켜 가지만 혈통이 못 배운 상놈이면 천 것답게 하는 짓도 천하게 저질스럽다.
그래서 사람은 어떤 사람을 만나느냐에 따라 인생이 변하고 운명이 좌우된다.
건강을 힐링하러 콜라텍에 왔다 가도 사람을 잘못 만나면 힐링은 커녕 도리어 큰 화를 당하여 도리어 병을 얻게 된다.
사람은 자기를 알아주기를 바라는 심리를 가지고 있다 자기를 무시하지 않고 칭찬해주며 진심으로 대해 주면 그 사람에게 마음이 쏠리고 더 잘하기 위해서 신경을 쓰게 된다. 배신하며 반대로 자신을 안 알아주고 무시하면서 천대하면 복수심에 앙심을 품게 된다.
보복으로 극단적인 사람은 카톡 문자만으로도 살인을 하거나 자살을 기도하기도 한다. 사람은 감정에 동물로 지렁이도 밟으면 꿈틀거리는 이치이기 때문이다.

사람이 사람답지 못하면 짐승이나 다를 바가 없다 사람은 말을 할 줄 알기 때문에 배울 수 있고 배우면 배운 만큼 행동으로 옮겨가며 살아가게 된다.
배운 게 없으면 짐승이나 마찬가지로 살아가는 것을 몰라 어떤 것이 옳고 그른지를 모르기 때문에 눈살이 찌푸려진다. 사교춤 역시도 배우지 않으면 모른다.
박자가 무엇인지, 리듬이 무엇인지, 스탭을 어떻게 밟는지, 콜라텍에 와서 한 발짝도 떼지 못하던 노인들도 음악이 나오면 옆 사람이 춤을 추는 것을 곁눈질 하면서 따라 하면 배워 진다.
우선 음악의 리듬을 타면서 춤을 추게 된다. 춤추는 환경 속에서 춤을 보면서 음악을 들으면서 독학을 하면 배워 지는 것이다.
그래서 사람은 환경이 중요한 것이다.
환경에 따라 인격이 달라지고 건강이 달라진다.
그리고 배움에 교육이 달라진다.
나는 음치라 노래를 못한다. 나는 몸치라서 춤을 못한다. 부정적인 생각은 부정을 낳고 긍정적인 생각하면 긍정적으로 되어 간다.

콜라텍은 여러 가지 이유에서 오는 경우가 많다.
심지어 버지니스 차원에서 오기도 한다.
여자는 보험 설계사, 건강식품 판매, 기획부동산, 다단계까지 남자는 기에 좋다는 기팔지, 보석원석 판매, 기능성 화장품류, 관광상품을 판매하러 온다. 돈이 있어 보이고 활발하게 생긴 사람에게 친절하게 접근해 온다. 아무 이유 없이 친절하게 다가오면 일단은 경계해야 한다. 무엇인가 부탁하려는 사람들이다.
비즈니스를 하러 오는 사람들은 춤을 잘 춘다.
그리고 인상이 좋다 상대에게 호감을 주어야 하기 때문이다. 단정함과 예의 있는 인사성으로 먹잇감을 향해 접근한다. 까칠하게 보이는 사람에게는 접근을 피하고 순박하게 보이는 사람에게 접근한다.
춤을 추고 나서는 음료수를 하자면서 깊숙히 조용한 가게로 유인하여 들어간다. 그리고는 명함을 내밀면서 자신을 소개한다.

그러면서 상대방 전화번호도 찍어 달라고 자신에 핸드폰을 건네어 준다. 다단계 라인은 자기 사무실까지 가자고 졸라댄다. 이럴 때는 거절을 단호하게 하여야 한다. 인정에 못 이겨 흐물흐물하게 대답하였다가는 찰거머리 같이 매달려 시달리게 된다. 시도 때도 없이 전화를 하여 왔다가 시달리게만 되면 짜증이 난다.
콜라텍에서는 꽃이라 할 수 있는 3가지 조건이 있다.
① 춤 잘 추는 상대를 만나야 한다.
② 돈 잘 쓰는 상대를 만나야 한다.
③ 예의가 바르고 메너 좋은 상대를 만나야 한다.
　이런 사람을 만나고 나면 활짝 개인 날씨처럼 내
　기분이 상쾌하다.
콜라텍의 꽃이 된 것은 춤을 배운 덕분이다.
춤이 아니었다면 어디 가서 이런 칭찬을 들을 수 있을까 상대를 기쁘게 해주는 사람 그런 사람은 매력이 있어 또 만나보고 싶은 그리움이 가슴속에 잡고 있게 된다.

5. 가슴 조이는 여인

이수진은 교장 선생님 외동딸로 남자와는 말도 섞어 보지 않고 자라다 18세에 여고를 졸업하고 22살에 결혼을 하였다.
 여러번 대학 입시를 3수까지 하였으나 번번이 낙방하여 일찍이 시집이나 가게 되었던 것 이였다.
남편 되는 사람은 아버지 밑에 여고 선생님으로 교편을 잡았지만 몸이 허약하여 잔병 치례가 잦았다.
그래도 결혼 생활은 지극히 완만하게 유지되어 갔다 월급장이로 부유하지는 못하지만 그렇다고 가난하지도 않았다.
이수진은 결혼한 지 1년 만에 첫 딸을 낳고 25살에 아들을 낳아 남매를 두었다 누가 보아도 행복한 가정 이었다

그러나 옥에도 티가 있듯이 수진에게는 여성 불감증이라는 부인병이 있었지만 처녀때 부터 지금까지 불감증이 무엇인지 모르고 살아왔다.
아들, 딸을 낳고 결혼한 지 10년이 되었어도 오르가즘

이란 절정을 한 번도 느껴본 적이 없어서 여자들은 누구나 다 자신과 같이 똑같은 것으로 알고 살아왔다. 그러니 불만이 있을 수가 없었다.

남편 역시도 숫총각으로 아내 밖에는 여자를 모르니 아내의 불감증이 있는 건지 없는 건지 모르고 잠자리를 해왔다. 이수진은 남들의 부부생활 에서 잠자리가 자신이 모르는 신비한 황홀감이 있다는 사실을 알게 된 것은 여자의 성능력이 최고조에 달한다는 34살에 되어서야 처음 알았다.

그러니 자신은 아직 온전한 여자가 되지 않은 것이였다 정기적으로 모이는 여고 동창회에서는 친한 친구 사이들이니 할 말 못 할말 없이 얼굴도 두꺼워진 나이에 친구들끼리 자신들의 섹스 체험담을 늘어놓는 소리를 듣고 깜짝 놀라였다.
배가 터지게 먹고 난 친구들은 소화라도 시키려는 듯이 서로가 앞을 다투어 비밀이야기를 흠허물 없이 털어 놓았다.

이수진은 순진하여 친구들의 망측한 소리에 얼굴이 빨갛게 달아오르며 부끄러워서 안절부절 못하였다.
이수진은 자신이 전혀 모르는 세계가 있다는 것을 친

구들의 이야기를 들어서야 알았던 것이다.
그동안 남녀 섹스에 대하여서는 전혀 상식이 없었기 때문에 쑥맥이라 야한 농담이 나오면 어리둥절 할 수 밖에는 없었다.

친구들은 서로 앞을 다투어 나는 2번이나 홍콩 갔다 왔다느니 세 번이나 죽다 살아났다느니 하면서 깔깔거릴 때면 이수진은 경멸감과 수치심까지 느꼈다.

참다못한 수진은 그게 뭐가 좋은 거라고 그리도 야단법석이니? 하고 나무랐더니 친구들은 수진에게 모두들 시선이 집중하더니 너는 결혼한지 12년이나 되어 34살 동안 여태껏 그것도 모르고 살았단 말이니 하고는 모두 들 눈을 크게 뜨고 놀란 표정 들이었다.

그렇고 그런 거지 거기에 더 무어가 있다는 거니 어머나 이년 좀 봐 그렇구 그런거라고 그래 정말이니?
정말이지 내가 왜 거짓말을 하겠니 나는 너희들이 말하는 것이 다 거짓말 같지만 들리지 죽다 살아남았다느니 홍콩을 두 번이나 갔다 왔다느니 하는 그런거는 한번도 없었다!! 뭐야 그게 정말이란 말이냐 네가 불감증인지 남자가 조루인지 너는 도대체 무슨 재미로 사는 거니 애 낳는 공장도 아니고 "혹시 네 남편이 극심한 조루로 문전 앞에서 자살골만 넣은 거 아니니 하면서 들어도 모를 말만 해대면서 놀려 대고 있었다.

이수진은 불감증이 무엇인지, 남편이 조루란 말을 들어서도 조루가 무엇인지 자살골이 무엇인지 전혀 이해를 못 하였다.
그러나 남편까지 끌어들여 조루라는 말에 기분이 상해서 너희들은 멀쩡한 우리 남편까지 조루니 어쩌구 병신 취급하니 기가 막히다 하며 수진은 아들 딸 낳았는데도 무슨 문제가 있다는 거냐 하면서 되물었다.

한 친구가 나서서 여자도 밥만 먹고는 못 산다. 얘 임신과는 별개란다. 여편내 완전한 여자로도 못 만들고 어른도 만들 줄 모른다면 그게 병신이지 뭐니 ㅎㅎㅎ 하며 입이 찢어지게 웃어 대었다.
친구들이 놀려 대느라고 거짓말을 하는 것 같고 자신이 완전하지 못하다는 것만 같아 그날 밤에 이수진은 남편과 섹스를 하고 나서 남편에게 은근히 물어 보았다.
부부가 임신만 되는 것 이외 또 다른 뭐가 있다는데 당신은 그거 알아 남편은 그게 무슨 말이냐고 되물었다.
오늘 동창회에 갔더니 친구들이 하는 이야기를 들었

는데 아이를 갖는 것을 말고도 황홀한 신비감에 죽다 살아 났다는데 같은 여자로써 나만 모르고 있으니 그래서 물어보는 거라고 한다.

남편은 묵묵부담 이더니 여자들이 음담패설이 지나치 다며 그런 소리는 한 귀로 듣고 한 귀로 흘려 버리라 면서 핀잔을 한다.
자신이 5초 땡 토끼 같은 극심한 조루라는 것이 마음 에 걸렸던 모양이다.
남자들끼리 술안주 삼아들은 여자 이야기도 있었다.
여자의 몸은 남자의 능력에 따라 변해 간다는 것을 남자는 여자가 자지러지는 것을 보고 자신감이 생기고 밖에 나가서도 남자구실을 제대로 하기 때문에 당당한 법이란다.

그러나 마누라 하나 만족시키지 못하면 늘 의기 소심 하여 주눅 들어 있게 마련이다.
남편은 아내가 불감중이라 다행이라고 여겨 왔는데 이제는 서서히 알아가는 눈치니 도둑이 제발 저리 듯 덮어 가기에 급급하였다.
이수진은 남편이 출근하고 아이들은 벌써 학교에 다니 고 있어 집에는 늘 혼자 있자니 여자로서는 생리적으 로 최고의 난숙기라 그런지 늘 허전하고 외로운 생각이 들곤 하였다.
까닭 모를 공허감과 고독감이 몰려 올 때는 형용하기 어려운게 피부 속에 파고드는 것만 같았다.

여자는 절정감이 연달아 몰려와 오르가즘을 가질 때 피부에 윤기가 나고 화장발도 잘 받는 법이며 밥맛도 좋고 잠도 잘 오는 법이다.

그러나 이수진은 그런 것을 전혀 느껴보지 못하였으니 병이 나는 것 만 같았다.
소화도 안 되고 피부도 까칠하지만 온 가족이 오손도손 할때는 덜 하지만 아무도 없는 절터 같은 집에 혼자만 있을 때는 공허감이 가슴 속에 그득히 넘치며 고독감이 피부에 서리서리 오는 것이었다.
이때에 학부모 모임에서 만난 학부형 엄마가 친구가 되어 친하게 지내었는데 마침 그 친구가 춤이나 배워 보자는 제외에 선 듯 나섰다.
둘이서 영등포카바레 댄스교습소에 들렸다.
마침 댄스 춤선생은 반갑게 맞이하면서 친절히 대해주었다.
50대의 핸섬한 춤선생은 기본기를 알려준다면서 이수진을 힘껏 끌어당겨 남자의 품으로 안겨 스텝을 밟고 리드하였다. 여자는 따라만 오면 된다면서 리드미컬하게 밀고 당기니 형용할 수 없는 짜릿함에 자신도 모르게 숨소리가 가빠지었다.
그렇게도 시달리던 고독감과 공허함도 언제 그랬느냐는 듯이 싹 가시었다.
남에 남자에게 억세게 안겨 보기는 난생처음이라 그런지 신비스럽고 야릇한 흥분조차 느껴졌다.
지금까지 남편에게 한 번도 느껴보지 못하였던 이상 야릇한 이성에 대한 감정이였다.
더구나 댄스 교사가 지그시 끌어당기며 품 안에 꼭 껴안아 줄 때면 황홀한 쾌락에 속옷이 축축해지는 것을 느끼었다.

여고 동창생들이 말하던 신비감이라는 것이 이런 것을 말하는 것이였던가? 이수진은 교습을 받고 와서는 잠시도 그 남자가 그리워서 잊혀지지가 않았다.

 그래서 하루도 빠지지 않고 남편 모르게 열심히 배우러 다녔다 처음 느껴보는 신비감의 매력을 잊을 수가 없었다. 한 달을 배우니 완전히 춤에 미쳐 버려 중독이 되고 말았다.
그래서 저녁이 되기 전에 친구와 함께 캬바레를 찾아갔다. 이수진은 춤도 재미있었지만 이 남자 저 남자의 억센 품에 안기는 쾌락에 미친 것이었다.

이수진의 남편은 아내가 춤바람이 난 것을 이미 알고
있었지만 교육자 신분으로 일을 벌이고 싶지는
않았다. 모른체 하고 눈감아 주었다.
자신의 몸도 허약한데다가 사내구실도 제대로 못하기
때문에 오히려 죄책감을 느끼기 때문이였다.
그런데 세상은 넓고도 좁아 남편 김병국은 가까운
친구로부터 고자질을 들었다.
여보게 친구 자네 와이프를 카바레에서 보았네 그런
정숙지 못한 아내는 집에서 내쫓아 버리게 김병국은
친구에 소리를 듣고는 고민에 빠졌다.

 아내의 불감증을 자신 때문이라는 것을 알기
때문이었다.
그렇다고 고민만 하면서 언제 까지나 지낼 수만은
없었다. 그래서 친구의 말대로 헤어지는 것이 서로가
훨씬 편안할 것만 같았다.
그래서 김병국은 아내 이수진에게 이렇게 말하였다.

여보 이런 말을 하기는 안 됐지만 여러번 생각하고
결정한 말이야 암만 해도 속궁합이 안 맞는 것 같으니
이제라도 맞는 사람을 찾아가는 것이 어때 아이들은
내가 키울 터이니 당신은 재혼해서 좋은 남자를 만나

서 이제부터라도 완전한 여자로 행복하게 잘 살아
위자료는 우리집 전 재산에서 반씩 나누어 갖기로 해.

김병국은 배운 사람답게 선생님처럼 신사였다.
말도 또박또박 조리있게 하며 흥분하거나 화내지 않고
점잖게 타이르듯이 하였다.
이수진은 남편의 말에 깜짝 놀랐다.

당신 미쳤어요? 이수진은 꿈에도 생각지 못한 소리에
눈앞이 캄캄하였다.
저녁마다 다른 남자 품에 안겨 쾌락에 즐겼지만 남편
은 어디까지나 남편이라고 생각하였다.
아직도 경제 대국으로 세계 10위권 안에 있지만 우리
나라는 춤에는 선진국 문화와는 거리가 멀었다.
아내 이수진의 강력한 반발에 남편 김병국도 어쩔 수
없이 없었던 일로 흐지부지 되었다.

그 후 이수진은 자숙하며 가정일로 살림에만 충실하였
으나 한번 춤바람에 중독되면 춤의 매력에 작심삼일이
되고 말았다.
자숙은 오래가지 못하였다. 고독이 엄습해와 집에서만
있을 수가 없었다.
또다시 카바레에 나가기 시작하자 남편도 괴로워서 늘

술에 취해 늦게 귀가하였다.
이수진은 춤도 익숙하게 잘 추게 되자 인기가 짱이었다.
부킹하며 대시해오는 남자들이 많았다.
그중에서도 외모가 수려한 50대에 박준식이라는 중년 신사와 눈이 맞았다.
그 남자를 보기만 하여도 믿음직스럽고 건강미까지 넘쳐 매력적이었다.
박준식도 불루스를 출 때는 그녀의 가는 허리를 휘어 감았고 손에 힘을 지그시 주어 귓가에 입을 갔다 대었다. 그리고는 소근대는 목소리로 아름다운 분을 만나 무척 즐겁습니다.
 내일도 또 만나 뵐 수 있겠지요? 꿈결 같은 음성으로 속삭이었다
남편에게 한 번도 들어보지 못한 칭찬이었다.
정신이 황홀하게 도취 되어 오는 것만 같았고 집으로 와서도 그 남자 얼굴이 자꾸만 떠올랐다.

아침에 눈을 뜨고도 남편이 옆에 있는데도 박준식 이라는 사내에 음성과 모습이 자꾸만 생각나고 그 남자의 따스한 품에 안겼던 잊을 수 없는 감각이 전신에 뻗어 오던 짜릿함이 되살아 오는 것만 같았다.
남자는 여자와 살을 섞는 것을 목석으로 삼지만

여자는 품 안에 안기는 짜릿함에 더 도취되기 때문에
바람이 난다.
이수진은 박준식이 기다리겠다는 시간에 자신도
모르게 목동집에서 나와 영등포에 발길이 카바레 쪽으
로 옮겨가고 있었다.
그녀가 문안에 들어서자 어디선가 박준석이 불쑥 나타
나서는 두 손을 붙잡더니 안 오시는가 하고 무척
기다렸습니다.
이수진은 그 소리에 전신이 후끈 달아오르는 듯한
감동을 느끼었다.
어머, 선생님 여태까지 저를 기다리셨어요?
안 오시면 그냥 돌아가려 하였습니다.
그냥 가시 다니요. 다른 파트너들도 얼마든지 있는데
요. 박준식은 선수였다. 여자라고 다 같은 여자인가요
나오셔서 정말 반갑습니다.

이수진은 남자의 입에서 자신을 높여주는 말을 들어보
기는 난생처음이었다. 칭찬처럼 더 좋은 최음제는
없다. 이날처럼, 춤이 잘 맞어 완전히 일치되고
있었다. 정말 즐거웠어요" 이수진은 자신도 모르게
이런 소리가 나왔다. 박준식은 감사합니다.
이 여사님 내일은 제가 지방 출장을 가게 되서 다음
주 월요일이나 뵙게 되겠습니다.

다음날부터 이수진은 박준식을 다시 만나는 기대 속에서 그 사람이 서울에 없다는 생각을 하면 무척 쓸쓸한 생각이 들면서도 다시 만날 일을 생각하면 가슴이 두근거렸다. 한편 지방 출장 중에 콜라텍에 가서 다른 여자와 춤을 추지는 않을까 하고 생각하니 화가 나기까지 하였다.
남자 50이면 불꽃이 살아 있는 나이다.
5일이 지나 남편은 출근하고 아이들은 모두 학교에 등교 하였다.
이수진은 설레이는 마음으로 옷 장문을 활짝 열어 놓고 옷이란 옷은 죄다 꺼내어 얼굴 밑에 가슴 위에 대어 보며 거울을 보았다.
그 남자에게 예뻐 보이고 싶어 견딜 수가 없었던 것이다. 옷 중에서 제일 잘 어울리는 옷을 입고 정성 드려 화장을 한 다음 미장원에 가서 머리도 새로 만졌다.

어제는 맛사지샵에서 얼굴 맛사지까지 받아서 인지 얼굴에서 빛이 나며 거울에 비친 자신의 모습에도 취하기까지 하였다.
 여자 나이 34세 여성미가 물씬 풍기는 에스라인 이었다. 향수도 미리 준비한 이성을 홀린다는 페로몬 향수였다 .

페로몬이란? 말 못하는 동물들도 이성에게서 특유의 페로몬 냄새가 나는 놈에게만 짝짓기를 허락한다는 그 향수까지 정성 드려 뿌렸다.
완벽하게 준비가 끝나자 그 남자와 약속 시간이 되자 먼저 나와서 기다리고 있었다.
 얼마 시간이 지나지 않아 박준식이 성큼 나타나드니 와-아 오늘은 수진씨께서 미스코리아보다 더 예뻐 보이시네요 한껏 칭찬하였다.

이수진은 자신도 모르게 박준식의 두 손을 덥석 잡으며 출장은 잘 다녀 오셨어요 하였다 .
박준식 잘 다녀 온게 뭡니까? 출장 내내 수진씨 생각만 나고 보고 싶어서 미칠 것 같았습니다.
전에는 그런 일이 없었는데 이번 출장은 수진씨 생각만 하였습니다.

칭찬은 무쇠도 녹인다는데 이수진은 박준식을 만나는 동안 내내 녹아나서 행복감에 도취 되어 있었다.
박선생님 어서 춤이나 추세요 이날 밤의 춤은 더욱 황홀 하였다.
사내의 뜨거운 입김과 거친 호흡이 목덜미에 스쳐 질 때마다 이수진은 전신에 피부가 야속스럽도록 달아 올랐다.

춤을 배운지가 일 년이 되었으니 스텝은 박준식이
리드하는 대로 물이 흐르듯 자연스럽게 자유자재로 빙
빙 돌아가고 있었다.
춤은 어떻게 추고 있는지는 생각도 안 나고 오르지
몸이 홍옥처럼 익어 가며 야릇한 흥분이 자꾸만 올라
서 사지는 제대로 가눌 수가 없을 지경이었다.
그녀는 사내의 품속에 맡기고 황홀감에 젖어 감성에만
젖어 있었다.
이때 박준식은 이수진의 귀에 대고 춤은 그만하고 식
사나 하러 나가시지요? 말소리는 소근소근 나긋나긋하
게 울려 올때마다 가슴이 떨려왔다. 어머 시장하신가
봐요. 그럼 나가시지요!

불륜은 한 번이나 백번이나 같다 처음 한번이 어렵다.
이수진은 유혹을 인식해 있으면서도 이끌리고 있었다
두 사람은 다정한 연인처럼 캬바레 건널목을 건너
러브모텔이 밀집된 골목길로 들어서고 있었다.
박준식은 선수 중의 선수인 카바레 제비였다.
어머 여기는 모델이잖아요.
여기서 배달 식사를 시키면 조용하게 이야기 하며
먹을 수 있어요.
이런 데는 처음이라 룸 안에 들어서자 더블 베트위에
유난히도 흰 침대 시트가 눈이 부시게 확 튀었다.

이수진은 가슴이 떨리면서 누가 보면 어떡해요 보호
본능 소리가 나왔지만 싫지는 않았다.

단둘이만 있는 공간에 있으니 더욱 친밀감까지 들었다
배달시킨 식사와 맥주병이 들어왔다.
박준식은 자신이 한잔 마시더니 술잔을 건너며 이수진
에게 마시라고 술병을 따르려 하자 저는 술은 전혀 못
마셔요.
 활명수만 마셔도 취해요 그런데도 한 잔만 마셔 보라
며 권하는 바람에 맥주를 마시니 속이 짜르르하니
아래 거기가 이상한 느낌이 왔다.
소변을 보고 싶은 것도 같고 찌릿찌릿 한 것도 같고
형언할 수 없는 느낌이었다.
얼굴은 금세 화끈거리게 달아오르며 숨은 헐떡거려졌
다. 이때에 사내는 그녀의 손을 끌어 당기었다.

어머! 이러시면 안돼요 하면서도 뿌리치지는 않고
있었다. 박준식은 처음 당신을 보는 순간부터 잠시도
있어 본적이 없어 내 심장이 터질 것만 같아 죽을 것
같아요! 사랑해요 하며 미친 사람처럼 왈칵 덤벼 들더
니 개미허리 같은 그녀의 허리가 끊어지도록 휘감은
손으로 끌어안았다.
마치 굶은 사자가 맛있는 먹잇감을 앞에 놓고 포효를

하듯이 입술을 덮치는 것이였다.
그녀는 예의상 얼굴을 한 두번 흔들며 거부하는 자세를 취하더니 사내가 헉헉대며 뜨거운 입술이 얼굴에 엄습해 오자 자신도 모르게 사내의 허리에 양팔을 벌려 껴안았다.
뜨거운 입술에 거친 호흡이었다. 감미로운 키스는 혀와 혀가 엉키면서 정신과 육체가 고조로 흥분되었다. 사내의 손길은 신비로운 마력이 있어 그녀의 정신을 현혹시켰다.
속으로는 이래서는 안 된다 마음적으로는 살을 섞는 것은 남편에게 죄를 짓는 것이다라고 생각이 들면서도 몸은 그 사내가 이끄는 대로 거부감 없이 그대로 받아들이고 있었다.

이미 마음을 뺏긴 연약한 자신의 의지만으로는 무너지지 않을 수가 없었다.
사내는 무언의 자세를 순서대로 차례차례 공략 해오고 있었다 부부생활을 10년이나 하였던 경험으로 보아 무엇을 하려는 지울 잘 알고 있었다.
하얀 침대 시트 위에 양파 껍질 벗겨지듯이 옷이 하나하나 벗겨져 나가고 있었다.
마침내는 갈잎 만한 하얀 팬티 한 장만 남아 있었다. 수진은 여기가 마지막 노선이라는 생각이 들자 여기만은 지키자고 마음속으로 저항하였으나 형식적일 뿐 이였다.

몸은 완전히 사내에게 점령되어 완전한 나체가 되어 있었다.

이윽고 남편 이외 다른 남자는 처음으로 경험이다.
남편에게는 전혀 느껴보지 못한 오르가즘까지 느끼게 되어 여자가 된 것 같았다.
이제야 친구들이 말하는 신비감이 바로 이거였나 보다 구름을 타고 허공에 두둥실 떠다니는 느낌 사내의 거세게 몰아 부처 격렬한 정력에 못 견디니 두번 세 번까지 까무라치며 신음소리를 처음 내어 보았으니 목소리까지 달라졌다.

불감증은 완전히 사라졌다. 눈이 번쩍 트인 이수진은 쾌락에 정신을 못 차리고 도취 되었다.
늦게 배운 도둑질 날 밤 샐줄 모른다고 집에 가고 싶은 생각도 없이 사내하고 그대로 같이 있고만 싶었다.
그러나 남편과 아이들이 있으니 돌아가야 되었다.
그래서 바람이 나면 여자는 가정을 버리지만 남자는 가정으로 돌아간다는 말이 생겨난 것이다.
60년대 중동건설 현장으로 돈벌이 갔다가 5년 만에

돌아와 보니 그동안 피땀 흘려 벌어서 부쳐준 돈은 한 푼도 없이 없어지고 아내는 춤바람 난 놈과 야반도주한 것을 보고 남편은 허탈함 때문에 자살하였던 사건이 비일비재하게 많았었다.
그러기에 여자와 유리그릇은 밖으로 내돌리면 깨지게 되어 있다.

남자는 아내보다 다른 여자가 예뻐 보이고 여자는 남편보다 외간 남자가 나아 보이는 것은 남에 떡이 더 커 보이기 때문이다.
이수진은 집으로 돌아오면서도 아직도 여운이 남아 있어도 집에 돌아와서도 양심의 가책을 느껴 얼굴을 들지 못하였다.

6. 제비에게 빠진 운명

육체의 신비성을 알게 된 것은 무한히 즐거웠으나 남자의 얼굴을 대하기가 몹시 괴로웠던 것이다.
다행히도 남편은 집에 없었다. 이수진을 뉘우치면서 다시는 그 남자를 만나서는 안 된다.
만약 남편과 아이들이 알면 큰일이기 때문이다.
그러면서도 처음 느껴본 절정의 쾌락만은 있을 수가 없어 되돌아 회상만 해도 몸이 자지려져 오고 황홀한 쾌락을 안겨준 사내에 그리움을 잊을 수가 없었다.
그 남자를 다시는 만나도 안 된다고 마음을 먹으면서도 그 사내가 보고 싶어 견딜 수가 없었다.
자신의 불감증을 고쳐준 그 사내의 벅찬 테크닉에
자신도 모르게 혀를 내두르다가 소스라치게 놀라기도 하였다.
이수진은 가만히 있을 수가 없었다.
육체적인 쾌락을 한 번만 더 맛보고 싶은 욕정을 막아 낼 길이 없었다.

그렇다. 여자는 자극을 받으면 받을수록 더 발달 되어

두드릴수록 소리가 더 내게 된다.
이제는 춤보다 러브모텔로 먼저 가고 싶었다.
체면상 그럴 수는 없고 카바레에서 사내를 만나자 마자 춤은 한 타임 15분 정도만 추고 누가 먼저라고 할 수가 없이 두 사람은 손을 잡고는 지난번 청사초롱 그 모텔로 자연스럽게 스스럼없이 들어갔다.
인간은 한번 과오가 어렵지 그 다음부터는 그 남자에 자기 면허증을 쥐어 준 것 같이 그 사람이 이끄는 대로 자신을 송두리째 다 맡겨 버리게 된다.

이수진은 박준식과 몇 달 동안은 지속적인 불륜을 저지르고도 면역이 되어 죄의식 마져도 느껴지지 않았다. 이제는 절정도 다섯 번 일곱 번 느끼더니 아홉 번까지 멀티 오르가즘까지 느끼니 눈이 뒤집히고 괴성소리와 함께 게거품을 품으며 혼절까지 하게 되었다.
그 남자에 노예가 되어 버리고 말았다.
젖무덤만 애무해도 자지러지게 되자 이제는 그 남자와 먼 데로 도망가고 싶은 충동까지 생겼다.
사내구실을 못하는 남편은 늘 벙어리 냉가슴 이였고 아내의 불륜을 눈뜨고 도둑맞을 수는 없었다.
확실한 증거가 없으니 기회만을 엿보았다.
외출한 아내는 늘 영식이 엄마와 친구로 그 친구 핑계와 여고 동창생들 핑계만 이러 저리 둘러대기만 하고 있었다.
춤바람이 난지 일 년이 넘어 가정에 위기는 막바지로 다가왔다. 가정이 깨지는 것은 시간 문제였다.
온실 속에서만 살아온 이수진은 세상 물정이 어두웠다. 순수하였기 때문에 사랑의 늪에 빠져서 헤어나지를 못할 지경이 되어서도 정신을 못 차리는 바람에 춤바람은 결국 이혼으로 가정 파탄되고 말았다.
춤은 건강을 위한 스포츠로 삼아야 한다.
육체적인 탈선을 삼다가는 여러가지 수모를 겪는 경우가 많았다.

사교춤을 자신의 힐링으로 삼을 때는
① 신체와 정신 힐링이 되어 정신질환에 치유까지 도움이 된다.
② 사람과 어울리고 소통하므로 외롭지 않아 좋다.
③ 신체에 민첩성과 순발력이 좋아진다.
④ 나이가 들어도 걸을 수만 있으면 할 수 있는 운동이다.
⑤ 감정과 인지기능이 되살아난다.
앞에서 보았듯이 춤을 젊은시대인 30~40대 추며는 사단이 나기 쉽다.

남녀가 손을 잡고 하는 스포츠이기 때문에 자신도 모

르는 사이에 정이 들어 친숙해지게 된다.
그러다 보면 자연스럽게 정을 통하게 되므로 젊은 시절보다는 60~70~80대에게 추천하고 싶다.
엄마가 홀로 생선 장사를 하여서 아들 하나를 외국 유학까지 시켜 잘 키웠다.

엄마는 생선 장사로 빌딩까지 있지만 그동안 돈이 없어 고생만 하셨기 때문에 남은 여생은 즐겁고 편하게 사시려고 하셨다.
여행도 다니고 춤도 추러 다녀서 건강도 챙기고 싶으셨다. 하지만 젊은 시절 고생이 많이 하셔서 얼굴에 주름은 자글자글 하시고 늘 햇볕에 끄실러서 새까매졌다.
그러니 하얀 흰머리에 노인으로 빈티가 나시니 춤을 추러 가셔도 대기석에서 앉아만 있다가 그냥 되 돌아 오시기가 일수셨다.
70대 중반의 노인에 외모가 추하니 파트너가 되려고 손을 잡아주려는 남자가 한 사람도 없었다.

파트너가 되어 손을 잡아주면 그 남자에게 술도 사고 용돈도 주려고 하였으나 거들 떠 보지 않으니 나이 든게 죄가 되는 것 만 같았다.
　아들은 보다 못해 엄마에 파트너가 되어 드리기로 결

심하였다.
70대 할머니와 잘생긴 젊은 남자가 춤을 추는 것을 보고 사람들은 의아해 하였다.
그것도 한두 번이 아니고 매일 같이 나와 춤을 추고 있으니 그곳에서는 두 사람이 유명 인사가 되었다.
빌딩 갖고 있는 할머니가 돈으로 젊은 남자를 파트너로 산 것으로 오해들을 하고 있었다.

그러나 이곳의 소문은 얼마나 빨리 퍼지는지 효자 아들이 엄마를 위하여 파트너가 되어 춤추러 다닌다는 것을 알고는 칭찬이 자자하였다.

파트너란? 춤, 놀이, 경기, 상거래에서 둘이 짝이 되는 경우의 상대를 이르는 말이지만 춤에서 파트너는 춤추는 상대이면서도 섹스까지도 함께 나눈다.

춤을 추게 되면 자기 관리가 철저 해진다.
 부지런해지고 파트너에게 잘 보이려고 외모도 가꾼다. 흰머리도 염색하고 옷도 밝은색 으로 찾아 입으며 좀 더 젊어 보일려고 외모에 신경을 쓰게 마련이다. 샤워와 향수는 필수이며 피부관리까지 하러 다닌다.
그러니 70대도 아가씨로 통한다.

외모가 젊으면 마음도 젊어진다.
공주병도 들고 질투도 강하다 남에 남자도 적극적으로
공세하여 기어코 뺏아 낸다.

춤으로 다져지면 굽은 다리도 펴지고 굽은 허리도 펴
지며 등판도 굽은 데가 없이 판판해진다.
뱃살이 없어지고 근육이 붙어 온몸이 노인답지 않게
탱탱해진다.
이런 점으로 보아 시니어 모델과도 유사하다.
시니어 모델 역시도 걸음을 걸을 때는 일자 걸음으로
걷고 허리는 곧게 어깨는 쫙 펴고 턱은 잡아당기고
눈은 전방을 바라보며 미소 지으며 워킹을 하여야
한다. 양손은 흔들거나 한 손은 흔들고 한 손은
허리나 주머니에 넣는다.
시니어 모델과 춤을 같이 병행하면 금상첨화다.
정년퇴직 후 할 일이 없어서 집에만 틀어박혀 있으면
나태해지고 게을러진다.
움직임이 적을수록 매사가 귀찮아 진다 .
그러므로써 옷도 입던 옷만 입고 앉아만 있거나
두러 누워 TV 리모컨만 못살게 이리저리 체널 만
돌린다.
아침, 저녁 샤워하던 것도 이틀에 한번 하는 둥 마는
둥한다.

성욕은 뚝 떨어져 이성을 보아도 돌같이 보인다.
먹기만 하고 놀고 있으니 뱃살이 늘어나고 근육은
빠져 노화가 급속히 진행되어 나이보다 더욱 늙어
보인다.

이렇게 게으르던 사람이 춤이나 모델 워킹을 배우게
되면 180°로 다른 사람으로 변한다.
부지런해지고 멋을 내어 매력 있는 사람으로 돌변한다

여자는 뒤웅박 팔자다
아내가 딴 짓 하는 데는 이유가 있다.
① 남편이 무관심하게 바라 볼때다.
② 수고했어 고생했어 예뻐졌어 한번 없을 때다.
③ 칭찬 한번 안 해줄 때다.
④ 인격적으로 존중해주지 않는다
⑤ 사랑이 식어 돌아누워만 있을 때다.
⑥ 경제적 무능 잘못된 생활습관 이다.
⑦ 성적 차이 성격 차이다.

가수 남진의 노래말 처럼 저 푸른 초원위에 그림 같은
집을 짓고 사랑하는 우리님과 한 백년 살고 싶어
결혼을 하는 신랑 신부들은 인생의 새 출발을 님과 함
께 노래말 처럼 살아가는 것을 원하고 있다.

꽃길만 걷고 싶었던 꿈은 3년이 되자 용광로 갖던 사랑은 찬물을 뿌린 듯 권태기를 맞아 부부에게 위기를 맞는다.

위기를 아슬아슬하게 넘기고 나면 결혼 10년이 되자 남자는 싹 변하여 완전히 다른 사람으로 변해져 있다. 이때에 여자들은 무지개빛 같은 장밋빛 꿈은 사라지고 결혼 한 것을 후회를 한다.
만족해하는 여자보다 후회하는 여자들이 더 많다 여자들이 결혼생활에서 바라는 것이 뭐 대단한 게 아니고 난지 인정받고 사랑을 받고 있다는 느낌 만 갖게 되면, 경제적으로 부족하여도 견딜 수 있다.

여자가 사형 선고라고 할 수 있는 남편의 무관심과 비난은 사랑마져도 앗아간다.
손끝에 물 안 묻히게 하고 살게 해준다고 하였지만 그러한 호사스러운 약속을 지키지 못해도 좋다.
부부 사이에 가장 중요한 제1호는 애정에 대한 관심이다 연애 시절에는 너 아니면 죽을 것 같다며 열렬한 사랑을 퍼붓던 것은 잡은 고기에는 먹이를 주지 않는다 듯이 무뚝뚝하고 쌀쌀맞게 변하는 걸까?

어데서 단체로 교육을 받고 온 남자들처럼 남편들

마다 거의가 한결같다.
그 뿐인가 아직도 철 들지 않는 큰아들 같다 집에 만 들어오면 인터넷에 붙어 앉아 담배만 피워대며 재털이가 산같이 쌓여도 비우는 법이 없이 인터넷 게임에만 정신이 팔려있다.
밤이 늦었는데도 씻고 잘 생각은 없이 새벽 1시, 2시 까지 하다가 내일 출근 때문에 하는 수 없이 눈을 부친다. 이런 식으로 나쁜 생활 습관을 쳐다보노라면 아내들은 열 불나서 살 수가 없다.
그뿐 만이 아니다 스마트폰이 멀쩡한데도 매년 신상이 나올 때마다 교체해 버린다.

그러다 보니 폰 요금만 매월 20만원씩 고지서가 날아 온다. 생각이 있는 건지 없는 건지 하나를 보면 열을 알 수 있다 듯이 하는 것 마다 마음에 드는 일은 한 가지도 없다.

비오는 날 우산을 갖고 나갔다가 날씨가 개이면 가지고 갔던 우산은 버리고 온다.
그러니 늘 우산을 사서 대비해 두어야 한다. 어쩌다 휴일이면 밖에 나갈 생각은 전혀 없이 점심때까지 자빠져 자다가 한시가 넘어서야 부시시 일어나 밥 달라고 한다.

밥을 먹고는 또 이불을 뒤집어 쓰고 자거나 게임을 하다가 늦은 밤이 되면 치맥으로 야식을 시켜 배터지게 먹고는 치우지도 않고 자빠져 잔다.
아내는 당장이라도 보따리 싸가지고 친정으로 달려가고 싶다.
잘못된 생활 습관은 마마보이로 키워왔기 때문이다. 자식 귀엽다고 오냐 오냐 응석을 다 받아주며 자라온 자식들이 사람 살아가는 방식을 보고 배우지 않고 자라왔기 때문이다. 그 결과는 인생 후반기 60대에 성인병으로 고생을 하게 된다.
남편 흉보기에 더 하자면 한도 끝도 없다 아내 아들 딸은 뼈 빠지게 알바를 해봐도 얼마 받지 못하는데 철부지 남편은 친인척 집 아이들을 보면 5만원짜리 불쑥 내주며 인심을 쓴다. 친구들에게 술 한턱 쏘았다며 카드로 긁은 금액은 우리집 한달 생활비 정도였다. 아내는 콩나물을 사면서도 애교를 떨면서 콩나물 값을 깎는데도 남편은 그런 사정을 모르고 돈 쓰기를 물 쓰듯 한다. 퇴근 후에는 술을 마시고는 집으로 들어가야지 왜 밤늦게 친구들을 몰고 와 술상을 차려내란다.
친구 좋아하는 남자치고 허세 부리지 않는 사람이 없다. 마치 내일에 지구 종말이 와도 상관이 없다는 태도다 철부지들이 객기다.
산수갑산이란?

산이나 강 이름이 아니고 죽을 때 죽더라도 할 짓은 다 해야겠다는 뜻이며
객기란?
세상 무서운 줄 모르고 밤에 유흥가에서 고성방가 하거나 젊은 혈기로 무리한 일을 벌이는 것이다.
젊은 청년 중에는 지혜가 쌓이지 않아서 본인의 성질대로 하면 세상이 들어주는 줄 아는 아주 애송이 같은 착각을 하는 것이 객기다.
지금의 60~70대 옛날 청춘시대와는 정반대다.
결혼을 갖 한 20~30대 신랑들이 아직은 어려서 아내들을 괴롭혀 질리게 하는 행동인지를 모른다.
연애는 환상이지만 결혼은 현실인 것을 모르는 철부지 남편들의 객기는 몇 십년이 지속되거나 영원 할 수도 있다.
남편과는 반대로 아내도 허물이 많은 경우도 있다.
남편이 참다 참다 잔소리를 안 할 수가 없는 아내들이 다 세 살 버릇 여든까지 간다고 잘못된 습관으로 남편을 질리게 만든다.

남자의 마음을 얻지 못하면 여자의 생명은 그때부터 끝이다. 잔소리를 하다 하다 듣지 않으면 남편을 그때부터 아내를 무시하게 된다.
무시당하게 되면 부부가 각방을 쓰고 지내면서 다른

방도가 없으니 할 수 없이 살게 된다.
아내의 잘못된 습관은 가정교육도 있겠지만 더 좋은 것은 혈통 관계에 있다.

혈통 관계는 교육보다는 성격은 유전이 되기 때문이다 혈통이 양반 혈통은 생활 방식이 반 듯 하다.
그러나 혈통이 천박한 상놈 혈통이라면 사는 방식이 아무렇게나 생활하는 것을 볼 수가 있다.

1. 자신의 잘못을 인정할 줄 모른다.
2. 미안하다. 잘못했다 죄송하다를 할 줄을 모른다.
3. 음식을 할 때마다 넘치게 하여 온종일 넘게 먹고도 남아 버린다.
4. TV. 형광등을 밤새도록 켜놓고 잠든다.
5. 화장실 물 내리는 것을 자주 잊어버리고 불을 켜놓고 나온다.
6. 즉흥적으로 물건을 다량으로 구매한다.
7. 성질이 나쁘며 생활습관이 나쁘다.

어머니가 허물이 많으면 딸도 허물이 많다.
남자는 여자를 잘 만나야 하고 여자도 남자를 잘 만나야 한다.
어떤 사람을 만나느냐에 따라 인생이 바뀌고 팔자를

고치기 때문이다.
 한길 사람 속은 살아 보기 전에는 알 수가 없기 때문이다. 환경이 다른 데서 성장하고 생각하고 달리 살아 왔기 때문에 그렇게 20~30년 동안 다져온 사람을 자신과 똑같이 바꾸어 놓는 일이란 흑인을 백인으로 바꾸어 놓는 일보다도 더 어려운 일이다.
흔히들 여자의 팔자는 뒤웅박 팔자라고 하는 뜻은
부자집으로 간 박은 쌀 곡식만 담기고 가난한 집으로 간 박은 소여물만 담긴다.
남편을 잘 만나면 행복하고 잘못 만나면 불행하다는 뜻을 비유한 것으로 들린다.

여자가 미혼일 때는 제 아무리 잘 나가던 여자도 남자 하나 잘못 만나 삐끗하면 돌이킬 수 없이 망가진다.

망가진 자신들은 자신의 미래가 망가지게 달라질 거라고는 상상도 하지 못했을 것이다.
암이라는 진단을 받는 사람들이 한결같이 이구동성으로 하는 말이 있다.
왜? 하필 나에게만 이런 병이 생긴 것인가 분노가 치민다. 배우자를 잘못 만나 망가졌을 때도 땅이 꺼지도록 한숨을 내어 쉬지만 이미 때는 늦은 때 였다.
여자는 백지와 같아서 한번 꾸겨진 백지는 제아무리

다시 펴보아도 판판 하지가 않고 꾸겨졌던 곳에 주름이 져 있기에 한번 망가진 인생은 되돌릴 수가 없다.

그러나 인생은 새옹지마다 새옹지마란 말에서 떨어져 다리가 부러져 걱정을 하고 있는데 군입대 영장이 나왔다.
때는 마침 전쟁 중 이였다.
전쟁터에 나가면 전사하는 군인이 비일비재 할 때 다리를 다치는 바람에 군대를 안 가게 되어 큰 목숨을 구하게 되었다.
사람을 잘못 만나서 망가졌다고 인생을 포기해서는 안 된다.
 절망이 없는 일이 기적이 일어나 희망으로 오는 경우가 세상에서는 허다하고 많다.
역경을 딛고 일어나면 반드시 다이아몬드가 기다리고 있을 것이다.

바다에서 태풍이 불어 여객선이 난파되었다.
타이타닉 호화 여객선 빙산에 부딪쳐 침몰 되었듯이 사람들은 거의가 물에 빠져 죽고 몇몇 사람들만 살아남았다. 마침 무인도가 있어 부서진 배에서 떨어져 나온 판자에 의지하여 무인도까지 헤쳐 갈 수가 있었다.

이제부터는 구조선이 올 때만 기다리는 수밖에는 없었다. 그때까지는 나무로 판자집을 짓고 먹거리는 고기와 산 과일을 따서 목숨을 이어 나갔다.
그러나 목이 빠지게 기다리는 구조선은 오지를 않았다. 그러던 어느 날 한사람의 실수로 먹거리와 판자집이 모두 다 타버렸다.
앞으로 살길이 막막하게 되었다. 그러니 좌절과 절망 속으로 빠져들 수밖에 없었다. 무인도에서 식량을
구할 수 없으니 굶어 죽을 것이라며 불을 낸 사람을 원망하기를 시작하자 울부짖으며 그는 자책감에 죽을 생각을 하였다.

그런데 그때 애타게 기다리던 구조선이 이리로 오고 있었다.
환호성을 부르며 서로를 부둥켜 않고 감격의 눈물을 흘렸다. 배가 도착하자 제일 먼저 물어 본게 우리를 어떻게 찾아오실 수 있었습니까?
그러자 구조하러 온 사람들은 말했다. 무인도에서 연기가 하늘 높이 치솟아 오르는 것을 보고 구조를 요청하고 있다는 신호로 알고 찾아온 것입니다.
이와 같이 지금 어렵다고 인생을 포기하지 마세요!
반드시 새로운 기회는 당신의 구원 할 것이니까요.

나폴레옹의 명언처럼 나의 사전에는 불가능이란 없다. 나는 말주변이 없어 강사가 될 수 없어 나는 음치라 노래를 못해 가수가 될 수 없어 나는 몸치라 춤을 출수가 없어 나는 머리가 나빠서 아무 것도 못해 무엇이고 잘 안돼 이런 사람은 컴플렉스나 선입견 때문에 미리 포기하기 때문이다.

인간의 모든 장기는 쓰면 쓸수록 발달하고 사용하지 않으면 퇴화한다. 올림픽에서 금메달을 획득한 사람은 피눈물 나게 경쟁자보다 더 연습한 선수다 꿈이 있는 사람은 아침마다 눈을 뜨면 목표를 복창한다.
대기업에서는 아침조회 시 전 직원에게 복창을 시킨다 나는 할 수 있다. 무슨 일이고 한 가지 일에 1만시간을 집중적으로 투자하면 최고의 달인이 된다.
1만 시간은 하루에 8시간씩 1,250일은 약 3년 정도다 전문직은 30년만 하면 자연히 명인이 되어 명장이 되는 이치와 같다.
사람은 같은 일을 반복하면 본능적인 밥 먹는 것을 제외하고는 싫증을 느낀다. 그래서 사랑도 3년이면 권태기가 다가오고 섹스도 같은 사람과 지속하면 지루해 한다.

그렇게도 비가 오나 눈이 오나 열심히 하던 운동 역시

싫증을 느껴 거르게 되고 게을러져지기 시작하면 중도에 포기하게 된다.
 나이 든 노인들도 할 일이 없을때 빨리 늙듯이 사람은 무엇이고 목표를 정하였으면 꾸준히 하여야 한다. 똑같은 식사를 3번만 먹으면 실증을 느끼고 그렇게도 갖고 싶었던 물건도 3일이 끝나면 신비롭지가 않다. 새로 나온 새 차로 바꾸어 타도 30일이면 시쿤둥해지고 벼르고 별러서 꿈을 이룬 새집 마련도 3년이면 매력을 잃는다. 옷과 집은 새집이 좋듯이 사람의 심리는 무엇이고 옛 것 보다는 새것을 추구하기 때문이다.
 그러나 우물을 파도 한 우물만 파며 80세가 훨씬 넘도록 열심히 일을 한 사람 들은 유명인으로 이름을 세상에 남기었다.

 우리나라에 국민 MC 송해가 그리하였고 이탈리아 로마에 미술가 미켈란젤로는 로마에 천지창조 명화로 큰 보물을 남기었다.
자동차에 대부 미국에 커터링은 새로운 자동차기계를 발명하는데 열중하였다.

83세 생일날 자녀들은 입을 모아 아버지에게 이제는 좀 편히 쉬시며 지내시지요 하자 그는 오늘만 생각하는 사람은 흉하게 늙지만 항상 머리를 쓰는 사람은 성취감에 힘이 솟는다 꿈과 희망이 없는 사람이 빨리 늙기 시작한다는 의학계의 연구 결과와 일맥상통하는 말이었다.

나이 들어 임종을 맞은 사람들이 후회하는 말 중에 공통적인 다섯가지가 있다

① 남에 눈치 보지 않고 내가 하고 싶은것을 하고살걸
② 화 좀 덜 낼 껄 좋은 관계를 유지하여 적을 만들지 말걸
③ 친구를 좀 더 챙기고 조금 더 시간을 같이 보낼걸
④ 무의도식 하지 말고 도전하며 살아 이것저것을 해 보았을걸
⑤ 돈만 모으려고 쓰지 못하였지만 빈 손으로 가게 되는걸

이미 늦은 후회만 남기고 눈을 감은 고인들의 하소연이였다.
60세에 정년 퇴직한 사람들은 거의가 30~40년을 인생을 낭비하며 살아 간다.

그러다가 90세가 되어서야 퇴직 후 30년을 더 살 수가 있었던 것을 알았더라면 이렇게 살지를 않았을 것

을 하고 후회를 한다.
30년 전에는 이제 늙었으니 할 일이 없으니
편하게 쉬면서 지내겠다는 생각이 들었었다.
거의가 하는 말이 이 나이에 뭘 해 하면서 인생을 포
기한 사람들이 대다수였다.

늦었다고 생각할 때가 빠른 때이다. 스스로가 늙었다
고 시작하지 않은 것이 큰 잘못이다.
95세가 되어도 정신이 또렷하다. 앞으로 10년 아니
20년은 더 살지 모른다.
그러면 60세에 인생을 포기했으니 인생을 60년만
살고 60년은 허송세월로 인생을 낭비하면서 살은
결과다.
독자들은 이글을 보는 순간부터 꿈을 가지고 무릎을
세워 도전 하세요.
자신의 취미 생활에 열중 할때 활기찬 삶을 살 수가
있습니다. 사람은 꿈이 없거나 꿈을 접었을때 늙는다.
70세인데도 스마트폰 & 카톡은 고사하고 문자도 보는
것을 모르는 사람이 반이나 된다.
80이 되시면 카톡이나 문자나 전혀 관심이 없다니
전화가 아무리 걸려 와도 받지를 않는다.
스마트폰은 걸려 오는 전화를 받는게 아니라 자신이
전화를 하고 싶을때 거는 용도로만 사용한다.

스마트폰으로 인터넷 검색은 그런게 무엇인지도 모른다.
왜 문자나 카톡이나 인터넷 검색으로 궁금한 것을 즉시 알아보라고 하면 왜 그런 걸 하느냐고 한다.
70~80에 인생을 포기하였기에 말이 통하지 않는다

이런 노인들일수록. 정신도 오락가락하고 인지능력이 떨어져 완전히 노인 행세만 한다.
도전하는 것을 싫어하기 때문에 노화가 급속히 진행되는 징조다.
그런데도 여자 이야기만 나오면 귀를 쫑긋한다.
그러면서 빨리빨리 금방 발기 되게 세우는게 없느냐?
우물에 가서 숭늉 달라는 격이다.
모든 것은 귀찮아서 아무것도 싫으면서도 마음은 청춘인지라 여자와 잠자리를 하고 싶은 욕망은 변하지는 않는다.

식욕 본능 다음에 번식 본능이기 때문인 것 같다.
같은 나이에도 월등하게 다르게 뛰어난 사람은 늘 책을 읽으며 배우는 사람이고 책은 읽어서 무얼 해 하는 사람은 아는 게 없어서 지배받는 사람이다.
나이가 늙어가도 독서를 하면 노화가 지연되어 인간 승리자가 된다.

책을 읽는 사람은 행복 지수가 높다.
그러나 책을 봐서 무엇하느냐는 사람치고 발전하는 사람을 보지 못하였다.
TV을 보면 그 당시만 즐겁지만 신문이나 책을 보며는 사고가 합리적이고 긍정적이며 진취적이다.
책을 보는 사람은 즉시 사과할 줄 알지만 책을 안 읽는 사람은 자신이 잘못하여도 사과는 커녕 잘못을 인정하지 않는다.
시간이 많아 심심한 사람은 사는 것을 모르는 것이고 시간이 없이 바쁜 사람은 인생을 신비롭게 사는 사람이다.

제2의 인생 매력적인 사람으로 살려면
① 독서를 하고
② 도전을 하고
③ 관리를 하자

성공하는 방법은
① 반드시 잘되어서 성공할거야
② 마음먹은 대로 잘 되어 가고 있어
③ 내일은 분명히 오늘보다 더 나을 거야

실패하는 마음은
① 나는 무얼 해도 안돼
② 실패하면 어쩌지
③ 하루 하루가 지겨워 죽겠어
사람은 마음먹기에 달려 있다

나는 할 수 있다는 긍정적인 사람은 기어코 해내고
불가능하다 라고 부정적이면 되는 일이 없다.
늘 소원을 염원하면 응답을 얻어 반드시 이루어진다.

정부에서도 이스라엘 같은 1등 국민을 만들려면 독서
를 장려 하여야 한다.
배우지 않으면 모르기 때문에 즉흥적으로 범법 행위를
하기 때문에 형무소에는 죄수들이 차고 넘친다.
그 죄수들이 먹고 입고 자고 하는 경제적 낭비는 천문
학적이다. 독서로 1등 국민이 되었다면 열 개의 형무
소가 필요 없이 하나의 형무소만으로도 충분하였을
것이다.

7. 매력이란?

사람의 마음을 사로잡아 끄는 힘을 말한다.
매력이 있으려면 활력이 넘치게 건강미가 있어야
한다. 누워만 있으면 죽고 앉아만 있으면 병들며 서서
활동 하면 건강 장수한다. 건강은 건강할 때 지키라듯
이 이러한 결과는 반드시 노년에 보답으로 돌아온다.

매력 있는 남자는 열 여자 마다 않고 나이 들어서
뭘 그런 걸 해 이런 매력 없는 남자는 살날이 얼마
남지 않았다.
섹스리스란?
섹스 없이 사는 사람들이나 섹스를 거부하는 배우자를
말한다. 남자는 발기 부전 때문에 섹스를 포기하지만
여자는 질 건조증으로 성 고통 때문에 거절한다.
밤에 잠이 안 와서 뒤척이다 날이 밝는다는 사람은
섹스를 하지 않는 사람들이다.
미국에서 2,000명의 할머니들 상대로만 조사한 결과
자위행위만 해도 모두가 잠을 잘 잤다는 통계가 있다
남녀의 성접촉은 생식 본능 이외 건강, 화합에 친밀감

을 주기 때문에 행복감이 가장 높다.
남자에게 성생활은

① 노화지연으로 젊어진다.
② 혈액순환 심장건강에 좋다.
③ 뼈와 근육 건강에 좋다.
④ 전립선 건강이 좋아진다.
⑤ 깊은 숙면에 들게 된다.

여자에게 성생활은
① 생리통이 감소된다.
② 방광기능이 좋아진다.
③ 스트레스 감소된다.
④ 젊음이 유지된다.
⑤ 다이어트로 날씬해진다.

여자의 명기는
1. 고통스러운 듯 나오는 소리다.
2. 질 수축력이 강해야 한다.
3. 질이 따뜻하여야 한다.
4. 절정을 잘 느껴야 한다.
5. 애교, 온화함이 매력적이다.
여성의 생식기는 선천적인 것 보다 후천적으로 관리하

여야 한다. 아령을 하면 팔뚝이 굵어지고 축구를 하면 다리가 굵어진다.

저자가 개발한 야생마에도 하루 10분씩 쇼파 위에서나 자동차 운전석에 놓고 앉으면 온열과 미세파동으로 요실금, 방광, 질 수축, 항문, 자궁의 케어를 함께 하는 건강기구다.
다른 운동기구들도 다 있지만 생식기 강화 기구는 처음으로 국내외 국제 특허획득 하였다.
여자에게 위에 다섯가지가 결합이 있으면 속궁합이 맞지 않아 남자들은 그런 여자들을 멀리한다.
야생마는 TV나 업무를 보면서 앉아만 있으면 자동으로 되므로 싫증을 느끼지 않으므로 반영구적으로 사용이 가능하다.

야생마와 뒤웅박은 업무 시 의자에 앉아서 운동 되고 강화 단련이 된다.
남성에게도 생식기 단련 강화기로는 야생마보다 더 현대적인 것은 없다.
전립선, 회음부, 방광, 치질, 고환, 정력 강화에 적합하며 전립선이 건강하면 발기가 잘되고 사정 시 힘차게 호르몬이 많아 넘치게 쫙쫙 내뿜게 되어, 오르가즘 시간이 늘어나고, 여성의 자궁 속 깊이 사정을 느낄 수 있어 절정감이 높아서 극치를 이룬다.

겉궁합은?
외모 재산 학력이라면, 속궁합은? 밤이 기다려지고, 보고 있어도 보고 싶고, 허물이 있어도 덮어준다.

속궁합이 맞으면 남자는 밤에 여자를 녹이고 여자는 하루 밤 사이에 남자를 사로잡으면 하늘의 별도 따다 주려고 한다.
속궁합이 맞아 사랑을 듬뿍 받으면 얼굴에만 비싼 화장품으로 떡칠을 하여 겉 궁합만 할 것이 아니라 야생마와 뒤웅박으로 자신의 성기를 강화하여 속궁합을 만들어야 한다.
겉 궁합은 지속적으로 돈이 들어가지만 속궁합은 한번만 장만해 놓으면 반영구적으로 장기간 사용 할 수가 있다.

여자가 여자 노릇이 제대로 할 때 부부싸움은 칼로 물베기가 된다.
박터지게 싸웠거나 서운함도 남편을 받아 그날 밤에 다 잊어버린다.
백 마디 말보다 즉각적인 백약이 무효고 백 마디 말이 필요 없다.

그래서 여자는 고추보다 매운 시집살이도 이겨내며 살아남을 수가 있었던 것이다.
할머니들도 여자다 남편과 일찍 사별한 할머니들도 많다.
애인을 사귀고 싶어 한다. 같은 아파트 단지에서 경비하고 연예를 하면 70이 넘었는데도 절정으로 몇 번씩을 싼다고 한다.
번거롭게 치장하고 나가서 모델 찾아갈 필요도 없고 혼자 사는 독거노인이니 경비아저씨가 찾아 오기전에 비상 전화로 경비실에서 집에 이상은 없으시죠 하면 그 말은 잠시 후에 들린다는 신호이다.
할머니는 전화를 끊자마자 고무줄 바지를 벗어 치마로 바꾸어 입고 입술에 루즈까지 바른다.
경비 박반장도 격일제 근무이기 때문에 아파트 밤 순찰을 도는 체 하면서 할머니 집을 열흘에 한 번씩 찾는다.
아파트 경비 자격은 70이 먹으면 자격이 박탈되기 때문에 60대로 연하인 애인이 되었다.
할머니는 70에 제2의 인생을 살맛 나게 살기 때문에 이 세상을 오래 살고 싶다고 하신다.
다만 출산과 나이 탓으로 느슨한 질이 남자가 싫증을 느낄 까봐 요실금 때문에 뒤웅박과 야생마 단련 기구를 병행해서 단련해온 덕분이었는지 요실금도 좋아지

고 요실금이 좋아지니 질 수축력도 강해서 몇 번씩 괴
로운 듯 소리를 지르게 된다고 털어 놓았다.
옛말에 준비된 자에게는 기회가 온다는 말이 이런 경
우를 두고 하였던 것 같다.

뒤웅박은 사타구니나 양 무릎 사이에 끼우고 수축을
반복하며 10분으로 생식기 건강과 요실금이 좋아져
질 수축력이 처녀로 돌아 온 기분이다.
남자도 마찬가지다 뒤웅박 단련 운동은 항문을 쪼이기
때문에 전립선과 정력 강화가 된다.
따라서 야생마는 부록편을 참조하시고 뒤웅박과 병행
하시면 강화된다.

매력 있는.
제2의 인생은 지상 낙원으로 되찾아 줄 것이다.
성생활이 만족하면 온 세상이 아름다워 보인다.
정말로 살기 좋은 세상을 무의미하게 낭비하지 마시고
자신이 하기에 따라 나이는 숫자에 불과하다.
마음이 청춘이면 몸은 마음을 따라 간다.

 저자의 실화소설 베스트셀러 였던 핫나경도 있다.
 60대 중반의 핫나경은 여자중에 여자 최고의 명기로
부려 30번 이상을 졸도하였다고 실토한다.

그 후로는 세다가 있었다고 한다.
그녀 역시도 멀티 오르가즘을 느끼게 한 것은 뒤웅박 단련과 야생마에 의지한 덕분이라고 한다.
후천적으로 관리하면 여자 중의 여자로 변한다.
그녀는 멀티 오르가즘으로 연달아서 지속적으로 느낄 때가 이세상에서 가장 행복할 때라고 한다.

남자도 자기로 인하여 파트너가 만족하는 것을 보고 뿌듯함을 느끼며 으슥해지며 자신감을 느낀다.
여자가 느끼지 못하면 남자는 그녀에게 실망한다.
여성에게 오르가즘을 느끼지 못하게 하는 경우는 남자에게도 책임이 있다.
조루이거나 힘없이 시들할 때 여자가 혼자서만은
자위를 하지 않고는 혼자서 느낄 수 없다.

그러므로 남자도 뒤웅박과 야생마 단련으로 사내 구실을 제대로 하여야 한다.
세상에는 저절로 되는 것은 아무것도 없다 여인천하에 명기도 그렇고 단칼에 백기를 들게 하는 명도 역시도 뒤웅박과 야생마로 단련 하여야 한다.
반면 사람의 인체는 용불용설이다.
자주 단련하면 할수록 명도가 되고 게을러져 단련을 하지 않으면 단단하게 발기가 안 되서 퇴화 한다.

남자가 남자구실을 제대로 하면 아내는 질이 움찔움찔 등에서는 땀이 흐르며 오싹거린다.

다리는 후들후들 떨리고 정신이 혼미해지며 소리를 지른다. 오르가즘을 느끼지 못하면 소리를 어떻게 지르는도 모른다.

여자가 오르가즘도 모르고 남자가 늘 시원치 않으면 성생활은 개운치 않고 찝찝하다.
그러므로 생식기 단련을 뒤웅박과 야생마로 단련하면 확실히 목적을 이룬다.
비싼 보약만으로는 안된다.
보약 한재 값으로 10년 20년 단련할 수 있는 기구는 성 능력에 건강을 위한 운동으로 좋다.
인기 없는 남자나 여자는 매력이 없다.
남녀는 자석처럼 서로가 끌리는 데는 매력이 있어야 한다.
　의상도 젊게 입고 색상은 밝아야 한다.
매일 샤워하고 향수는 필수적이다.
머리도 염색하고 피부관리를 하여 윤기가 있어야 한다

배는 들어가고 날씬 해야 한다.

할아버지 대신 아저씨로 할머니 대신 아가씨 소리를
듣도록 하자.
춤을 추면 늘씬해 진다.
배는 들어가고 자세는 반듯해진다.
다이어트로 살을 빼면 피부가 축 늘어지지만 춤으로
다이어트가 되면 체중이 감량되고 몸매가 균형
잡힌다. 좋은 현대 문명에 대중화가 되어 춤 인구는
늘어나고 있다.

춤을 추며는 자기 관리를 철저하게 되어 매력적으로
보인다.
멋이 없어 인기 없는 사람은 버림받기가 쉽다.
술 담배에 찌들고 잘 씻지도 않고 아무렇게 입고 다니
는 남자는 발기도 잘 안 된다.
그런 남자는 일찍이 할아버지가 되어 아무런 낙이 없
이 세월만 보내면 밥만 죽인다.
친구를 너무 좋아하고 오락에 빠져 있고, 집에서 3시
세끼를 챙기는 남자도 인기가 없다.
또 인기 없는 여자는 게으른 여자다.
게으른 여자는 거울을 안 보는 여자로 자신을 가꾸지
않는다. 잘 가꾸는 여자는 옷이 날개라고 한결 더
예쁘고 섹시해 보인다.
남편은 점점 세련되고 발전되는데 아내는 제자리 걸음

이나 퇴보하게 된다.
 남편은 자연히 한눈을 팔게 된다. 아내가 매력적이면 귀가 시간이 빨라진다.
더 나아가서는 자기 자신이 제일 똑똑하고 예쁜 줄 안다.
성욕도 약하면서도 너무나 센 옹녀로 착각한다.
옹녀가 안되어 봐서 모르기 때문이다.
마치 나무토막 같으면서 클라이막스를 못 느끼면서 여자에 의무를 다한 것으로 안다.
의무적으로 섹스를 하는 여자는 남편을 감동 시킬 수 없다.
남자는 자신의 쾌락보다 상대방 여자가 생생하게 오만 표현을 다 해주는 것을 보고 으쓱대며 어때 내 맛이 하며 한마디 한다.

남자도 여자에게 칭찬 받기를 좋아한다.
너무 좋아해서 죽을 것만 같았어 당신이 최고야
매일 이렇게 해줘 이런 소리를 여자에게 듣는 것이 남자의 로망이다.
섹스도 연륜이 붙어야 선수가 된다.
20대는 풋풋한 풋사과 같고
30대는 빨갛게 잘 익은 과일 같고
40대는 칼만 대면 쫙쫙 벌려지는 수박같고

50대는 시금 털털한 모과 같다.

섹스 횟수가 더해 갈수록 발달 된다.
그러므로 20대 과부는 평생을 수절할 수 있어도 30대 과부는 남자 없이는 살 수가 없다.
남녀가 한 몸이 되어 만족도가 높으면 두 배로 사는 인생이 되지만 홀로 사는 독신자나 독신녀는 반쪽 인생 밖에 안된다.
남자도 50이 되면 예전 같지가 있다.
파란 알약 비아그라도 몇 번은 그런대로 듣더니 내성이 생기자 되지도 않고 부작용만 일으켜 눈알이 붉어지고 얼굴은 화끈거리며 가슴은 두끈거린다.
 이러다가 죽는 것은 아닌가 겁이 난다.

옛날에 비아그라가 없던 시절에는 일뜸 이침 삼약 이라하여 한방에서는 뜸을 제일로 쳐주었다.
변강쇠라는 인물의 풍기문란 사건 이후 임금님들도 정력 강화를 위하여 배꼽 밑 단전에다 쑥뜸을 정기정으로 하였던 기록이 있던 것으로 보아 허약 체질에는 건강에도 좋고 부작용이 없어 발기 부전에 많은 도움이 되었던 것이다.
변강쇠가 하는 일이라고는 연일 뜨끈뜨끈한 아래목에서 구돌장에 배를 대고 지지거나 아니면 불기둥 쑥뜸

기에 쑥을 넣고 태워서 쑥뜸기가 불기둥 같이 뜨끈뜨
끈 하면 배꼽 아래와 음모 사이에 수건이나 런닝 위에
쑥뜸으로 단전을 지지는 것이 일과였다.
그러므로 변강쇠는 정력을 주체치 못하였다.
온 동네에 여자라는 여자는 모두 해치웠으나 조정에서
는 변강쇠를 풍기문란 죄로 잡아들이게 하였다.
왕은 깜짝 놀랐다 자신은 50대인데도 3천 궁녀를
거느리면서도 공치는 일이 허다한데 변강쇠는 왕보다
도 나이 차가 40년 이상인데도 정력이 왕성하여 매일
여자를 건드리니 연구 대상으로 삼기 위하여 사형을
시키도록 하였다.

사형 집행이 끝나자 변강쇠의 성기는 임금님께 보여
드려야 하였다.
임금님을 두 번째로 놀랐다.
남성의 성기는 발기된 상태로 죽지 않고 서 있어 만져
보니 뜨끈뜨끈 하였다.
그래서 임금도 그때부터 쑥뜸은 정력을 되살리는데
최고임을 알고 쑥뛰기 불기둥을 그날부터 하루에 10
분씩 하는 바람에 왕자와 공주를 30명 이상이나 생산
하였다는 노인들 회춘이야기는 지금까지 내려오고
있다.

문의 010-8558-4114
(페로몬향수, 불기둥쑥뜸, 야생마, 뒤웅박, 쇠말뚝 문의)
여성에게 불기둥이 좋은점

① 몸이 차고 배가 냉한 분
② 불임으로 임신이 안 되는 분
③ 자궁을 따뜻하게 하려는 분
④ 냉 대하로 악취가 나는 분
⑤ 허약 체질이신 분에게 도움이 된다.

남녀를 불문하고 자신에게 관리를 철저히 하여야 나이가 70-80-90이 되어도 질 높은 삶을 누릴 수 있다.

자신의 관리에 소홀한 사람을 보면

1. 바른 정보가 없어서 몰라서 못 한다.
2. 돈을 아끼려고 자신에게 투자하지 않아서
3. 되는 대로 아무렇게나 살아가기 때문이다.
4. 아는 게 없어 어리석어 판단을 못하기 때문이다.
벽창호는 남에 이야기는 무조건 무시하기 때문이다.

사는 법도 알아야 잘 산다

여자가 없는 독신자들은 자위나 리얼돌(여자인형)으로 대신 한다.
 또 남자가 없는 여성도 자위기구로 대신한다.
자위행위나 바이브레이터(덜덜이)남자는 아내가 있어도 성고통으로 거절 할 때도 리얼돌로 대신하고 여자는 남자가 있어도 만족을 못 느낄 때 덜덜이로 대신한다.
남성의 성기는 손가락 보다 좀 더 크기만 하면 여자는 충분히 만족을 느끼는데도 자신의 물건을 대물로 만들려는 것에 집착하고 있다.
여자 앞에서 자신을 과시할 때 우람하게 벌떡 선 것을 보여 주고 싶어서 이다.
대물보다는 발기가 단단하게 되는 것이 중요하다.
발기가 탱탱하지 못하면 여자는 짜증스러워 한다.
남자는 여성에게 삽입하면 백발백중 사정하지만 여자는 30%는 느끼지 못한다.

그래서 바이브레이터가 영국에서 150년 전에 개발되었으며 여성의 우울증에 효과가 있는 것으로 보아 자위행위는 여성정신 건강에도 좋은 거로 인정되었다.
포르노 잡지나 야동 동영상을 보면서 하는 자위는 극치감이 더 높은 거로 조사되었다.

남자는 불감증이 없지만 여자에게는 30%가 불감증인 반면 남자는 단발성으로 한번 사정으로 끝나지만 여성은 멀티 오르가즘으로 여자에 백명 중 열 명은 여러번 오르가즘을 느낀다.

행복한 부부생활에서 섹스는 가장 중요하다.
부부는 만족스러운 성관계를 통해 결속력이 강화된다. 만약 부부가 섹스리스로만 산다면 다툼이 많아지고 삶이 단조로워서 사는 재미가 없을 것이다.
부부가 성적으로 만족 할 때 육체적 즐거움은 정신으로 연결되어 해결하지 못한 문제는 없다 호랑이를 잡으려면 호랑이굴로 들어가야 듯이 여자를 유혹하려면 여자가 있는 곳에 가야 한다.

남자가 여자에게 사랑해 하는 말은 결론은 너와 자고 싶다는 단적인 말이다.
여자가 남자에게 사랑해하는 말은 너와 함께 있고 싶어 하는 말이다.
그런 차이도 모르고 남자가 그 이상에 짓을 할 때는 성희롱이나 성추행으로 고발되게 된다.
여자가 손을 잡았다고 착각하고 키스까지 덤비는 것은 큰 착각이다.
여자는 알다가도 모르는 요물이기 때문에 간을 보고

다음 순서로 진도가 나가야 한다.
그렇지 않으면 큰 코 다친다.
 여자에 마음을 사려면 첫째 말씨가 중요하다.
말은 그 사람에 인격과 성격이기 때문이다.
말 한마디로 천냥 빚을 갚고 말 한마디로 만리장성을
쌓는다. 말은 치유를 할 수 있고 용기를 북돋아 주며
기분을 좋게도 한다.

남자에게 정말 예뻐요 하고 칭찬을 듣는다면 어떤 여
자고 싫어 하는 여자는 없다.
당신은 섹시해 명기야 하며 칭찬한다면 성욕이 생기고
흥분은 더 한층 고조 될 것이다.
자신을 인정해주는 말로 칭찬을 들으면 그 기분은 일
주일이 간다.

그리고 자주 하는 시간이 중요 하다 파트너가 이웃집
만도 못하다고 자주 만나야 한다.
그래야 정이 들고 사랑에 감정이 점차적으로 쌓여간다
만날 때 마다 껌 한 통이라도 선물을 주며는 더욱
가까워진다.
사랑 받고 있다는 느낌을 받고 있기 때문이다.
선물을 주어도 주나 마나였다면 열정이 없기 때문에
돌부처를 억지로 돌려놓는 것으로 시간만 낭비 될 뿐

이다.
이런 여자에게 키스라도 하려 대들었다가는 망신살이 뻐쳐 마음에 큰 상처를 입게 된다.

사랑이란 주고 받는 것이다.
주는 것이 있으면 받는 것이 있고 받는 것이 있으면 주는 것이 있어야 한다. 불쑥 미투 신고가 생겨나서 부터는 걸핏하면 성범죄로 신고가 많아서 성범죄 전과자가 양산 되고 있다.
성욕이 죄인이 되는 시대이니 여자가 허락하지 않으면 근처에도 가지 않아야 한다.

여자가 좋아하는 남자는 잘 생긴 남자다. 그리고 인간성이 좋은 남자다 이보다 더 매력적인 것은 여유가 있어 돈을 잘 쓰는 남자다 .
여자와 밥 먹고 식대를 안 내려고 뒤로 빠져 밍기적거리면 빵점 남자다.
식사를 할 때도 메뉴 선택을 여자에게 고르도록 하는 남자가 매력적이다.
여자와 식사를 하는데 싸구려 메뉴만 자신이 고르는 남자는 여자의 마음을 살 수가 없다.
첨단을 자극하는 예의가 있고 여자의 인격을 존중해주며 칭찬을 하는 매너 있는 남자에게 여자는 빠지게 되며 기분이 유쾌해진다.
깔끔하게 깨끗한 남자를 여자는 좋아한다.
매일 샤워하며 살과 살이 겹치는 겨드랑 허벅지 항문 주변 사타구니 발가락 사이 구석구석 닦아 내어 노취를 없애야 하고 술 담배 입 냄새가 나면 여자는 멀리 하려고 한다.
속옷도 매일 갈아입고 옷차림도 단정하게 입는 남자에게 여자는 매력을 느낀다.
멋진 남자를 보며는 여자는 마음이 흔들린다.
사랑의 유통기한은 3년이다.
용광로 같던 열정도 3년이 되면 언제 그랬냐는 듯이 싸늘하게 식어간다. 900일이면 권태기가 찾아오기 때문이다. 그래서 여자는 피부관리를 받으며 화장을 예쁘게 하고 섹시하게 옷을 입는 것이다.

남자가 좋아하는 여자는 젊고 예쁜 여자이다.
초등학생도 노인도 남자는 생각이 똑같다.
여자도 예의가 있어야 한다. 남자에게 돈을 쓰면 남자는 그녀에게 한층 감동을 받는다.
데이트 비용을 남자에게만 부담시키는 여자는 같이 할 수 있는 시간이 오래 갈 수가 없다.
얻어만 먹으려 하고 비싼 것만 먹으려 하는 여자는 남자는 단번에 알아차리고 멀리하려고 한다.

8. 할머니도 여자이고 싶다.

돈을 잘 쓰면 남자들은 할머니라도 좋아한다.
80세 할머니가 연애한다고 의아해하거나 망측스럽다는 것은 인생을 모르는 젊은이들이다.
그들은 자신은 평생 늙지 않는 것으로 착각한다.
춤추러 오는 할아버지 할머니들은 50%는 콜라텍에서 만난 파트너로 시간에 맞추어 둘이서 나타난다.
그리고는 저녁 5시경에는 각자가 집으로 돌아간다.
12시경에 만나 점심을 같이하고 할아버지가 하루 할머니가 하루 점심 값을 번갈아 낸다.

간혹 러브모텔을 가기도 한다.
놀라운 일이다 80세가 넘은 할아버지가 애인을 데리고 러브모텔을 찾는다는게 믿어지지가 않는다.
쇠말뚝이란 큰놈으로 실버기구가 있기 때문이다.
춤을 추면 골반 근육 허벅지 근육이 튼튼해진다.
우리 몸에 30%나 차지하는 골반 허벅지 근육이 강화되면 자세가 곧고 당뇨가 예방되며 젊음이 유지되어 표정이 밝아진다.

50년 역사의 산 증인 강태공 원장께서는 춤에 대한 스토리가 차고 넘치신다.
사교춤은 노인들에게 최상의 보약이다.
스포츠 댄스로 음악과 춤과 파트너가 삼위일체가 되어 즐거움에 세월가는 줄 모른다.
실버세대 라면 65세 이상을 말한다.
그러나 70대 80대 이상도 신체적 정신적 성생활도 얼마나 건강하게 사는지 모른다.

남자의 건강은 성 능력이 잣대가 된다.
스포츠로 춤을 추는 실버는 85세의 남자가 70세의 여자와 7년째 연애를 하며 인생을 즐기고 있다.
그리고 정기적으로 일주일 한 번씩 모텔에 간다니 경악할 일이다.
춤추러 다녔기 때문에 건강도 섹스도 관리하기 때문에 가능한 일이라며 힘주어 말하고 있다.
늦게까지 성생활을 하는 사람들을 보면 애인들이 있다. 데이트도 하고 정답게 거리를 누비는 것을 보면 나이답지 않다.

여행도 다니고 손을 맞잡고 정답게 지낸다.
남자 수명보다 여자가 6~8년 더 오래 사는 것으로 되어 있지만 할머니보다는 할아버지가 건강하여 젊은 부부가 더 많다.
 그 원인으로는 나이가 들어서도 쉬지 않고 활동을 하기 때문인 것으로 나타났다.
그러나 할머니들은 거의가 활동이 없이 집안에 들어앉아 쇼파에 앉아서 TV만 시청하다 보니 노화가 빨라지기 때문이다.
할머니들도 취미 생활로 노인 복지관, 여성 회관이나 강태공 학원 교습소에 나가 춤을 배워서 스포츠 댄스를 하며는 활력이 넘치고 한층 표정이 밝아질 것이 분명하다.

춤추러 오는 할머니들의 공통점을 보면

① 화장이 진하며 속눈썹까지 붙였다.
② 화려한 옷으로 자주 바꾸어 입고 나온다.
③ 비키니 같은 보정 옷으로 젊고 섹시하게 한다.
④ 남자친구에게 밥이나 술을 자주 산다.
⑤ 스킨쉽이나 애정 표현이 노골적이다.
⑥ 표정이 밝고 즐거워한다.
애인이 있는 할머니들은 젊은 시대에 감정이 되살아나 마음이 청춘이기 때문이다.
콜라텍이야말로 실버들이 사랑을 표현하기에 남에 눈치를 살피지 않는 공간이다

실버 파트너들은 할아버지는 집에 할머니가 있지만
할머니는 집에 할아버지가 없는 경우가 많다.
곱게 늙은 노인들은 고생하지 않고 경제적 여유로워
잘 먹고 잘 살았기에 나이가 들어서도 다르다.
잘 먹은 귀신은 때깔이 다르다 듯이 나이가 들어서도
삼시세끼를 제대로 챙겨 먹어야 한다.
영양을 고루 섭취하면 면역력도 높아지고 노화도 지연
된다.
 그러므로 인지능력도 떨어지지 않아 잘 알아 듣고
합리적으로 판단하며 노인 같지가 않고 젊은이
못지 않다. 성인병으로 고혈압 당뇨병 약을 복용하지
않으며 좋은 생활습관을 가지면 나이 들어서도 불편
한데가 없이 살아가게 된다.
앞으로는 100세 시대에서 120세대로 늘어나며 의학
의 발달로 150세로 다가올 시대가 올 것이라 한다.

의학이 발달 되지 않은 옛날에는 장수는 유전으로
알았다. 할아버지 아버지가 장수하면 아들 손자도
장수 하였지만 지금은 그렇지가 않다.

장수 집안에서 태어났어도 생활 습관이 나쁘면 단명하
고 단명한 집안에 태어났어도 좋은 생활 습관을 실천
하면 건강하게 장수한다.

장수 집안이라 하여 술 담배에 폭식을 하며 달달한 음식과 인스턴트만 먹고 늦게 자고 늦게 일어나고 아무 때나 식사를 하고 불규칙 생활을 하며는 반드시 그 댓가는 질병으로 돌아와 성인병이 들어 단명하게 된다.
같은 나이라도 20년 30년 건강 나이가 차이 나고 젊어 보이는 동안은 자신이 살아오면서 어떻게 생활을 하였느냐에 따라서 결과는 갈리게 된다.
생활을 불규칙하게 하였다면 60대부터 암, 뇌졸증, 심혈관 질환 당뇨가 극심하게 되어 70대에 사망률이 높다.

그러나 자기 관리에 철저하여 120대까지 장수하고 있다면 폐렴이나 낙상사고만 주의하면 자연사하게 된다. 건강하게 살다가 장수하는 사람들을 보내며 몸살기로 3일 누었다가 조용히 숨을 거두지만 성인병으로 단명한 사람들은 10년까지 몸져 누었다가 고생 고생하다 사망한다.
임종시에도 무척 힘들게 하여 끝까지 고생만하다 사망한다.

생로병사에서 나이가 들면 모든 능력이 저하되는 것은 아니다.

평균 수명이 50세이던 조선시대나 지금의 평균 수명 80세 시대에도 똑같은 인간의 현상이 있다.
열정으로 자신이 하고 있는 일의 완성도를 높이려고 추구하고 사람들은 정치사업, 예술, 스포츠, 운동 어느 분야나 연령에 상관없이 정신이 또렷하고 몸이 가볍다. 그러나 하는 일이 없고 목적의식이 없는 사람에게는 나이가 젊어도 인지능력이 점차적으로 떨어지며 몸도 따라서 둔해진다.

청춘이란 새싹이 파랗게 돋아나는 봄철이라는 뜻이다.
인생에서는 기간이 아니라 마음가짐을 뜻한다.
장미빛 미모 붉은 입술 나긋나긋한 손 굳센 의지 풍부한 상상력 타오르는 열정을 가리킨다 .

때로는 20대 청년보다 70세 노인에게 청춘이 있다.
나이를 더해가는 것만으로 사람은 늙지 않는다.
꿈이 없고 아무것도 하지 않을 때 몸과 마음은 늙는다. 머리를 쓰고 희망을 잡는 한 80세라도 사람은
청춘으로 살 수 있다. 노화로 시각 청각 미각 후각 촉각이 떨어져 가지만 평상시에 관리를 철저하게 살았다면 80~90세에도 잘 보이고 잘 들리고 밥맛도 좋고 냄새도 잘 맡고 촉각도 이상이 없다 몸에 수술로 칼을 대지 않았기 때문이다.

몸에 수술을 하게 되며 모세 혈관과 미세 신경이 끊겨 온 몸이 차지고 특히 손발이 더욱 수족 냉증이 되어 전신에 영향을 주어 오감에 감각이 떨어진다.
늙으면 머리가 희고 얼굴 주름이 생기고 키가 작아진다. 몸무게도 줄어들고 근육이 감소하며 뼈가 약해진다. 매사에 의욕이 없어지고 기억력이 감소되는데 이것이 늙어 가는 노화 현상이다.
노화는 숙명적이기 때문에 어쩔 수는 없지만 10년 20년 30년 까지도 지연시킬 수가 있다.
65세 이상 노인은 다섯 명 중 한명이 노화를 지연시킨다. 2050년에는 두 명중 한 명은 노인일 것이다.

따라서 노인 빈곤률 까지도 높아져 노인 자살율도 세계에서 1위인 우리나라는 초고령 사회가 심각하다.
노후 준비가 없는 노인이 현재는 500만명이고 노인인구 2,500만 시대에는 노인 빈곤율이 1,500만명이나 될 것으로 내다 보아 노인복지 문제가 갈수록 심각할 것이다. 현재 100세 인구는 3,500명 정도지만 27년 후 2050년에는 100세 노인은 300만명 일 것으로 보여 100세 천국으로 변환하게 될 것이다.

생각이 바뀌면 팔자가 바뀐다.
옛말에 홧김에 서방질 한다는 말이 있다.

정확한 판단 없이 마음만 앞서 일을 저지르고 뒷
수습이 안 되서 갈등하고 괴로워하는 이들이 적지
않다. 새로운 도전을 하는 사람들에게 시작이 반이니
일을 먼저 저지르고 봐야 한다고 충동질한다.
이 말은 용기가 없어서 주저주저하는 사람에게나
필요한 말이다.
도전 자체는 좋지만 준비 없이 무작정 뛰어드는 것은
무모한 일이 될 수 있기 때문이다.
인연도 마찬가지다 첫눈에 반했다고 서둘러 사랑에
빠지면 안된다.
열 길 물속은 알아도 한 길 사람속은 모르기 때문에
눈에 콩깍지가 씌어 지기전에 인격, 성품, 인간성, 천
천히 사귀면서 살펴본 다음에 결정하여야 한다.

선택을 잘못하면 제비나 양다리 바람둥이를 만나 패가
망신하게 된다.
사귀기 전에 외모나 애정. 능력 학력에 많은 비중을
두었지만 사귀며 살을 섞고 나면 달라진다.
어느 새내기 부부가 결혼한지 몇년만에 가정법원 이혼
법정에 나란히 앉아 있었다. 저희 남편은 학벌도 좋고
머리도 좋아서 결혼하였습니다.
그러나 대기업 직장에서 떠나서 결혼 후에는 사업을
한다고 퇴직한 후 거창한 사업을 벌였습니다.

사업을 한다기에 울며 불며 말렸으나 허사였습니다.
그러나 사업한지 6개월이 되어서 폭삭 망하여 신혼집까지 날리고 빚까지 지었습니다.
 그런데 취직은 않고 또 다른 투자자나 동업자을 구한다고 허송세월을 보낸지가 1년이 되었지만 녹녹치가 않았습니다.
생활은 궁핍하여 친정집에까지 가서 손을 벌려 얻어온 돈으로 생활을 꾸려 갔습니다.
시간은 흘러가는 데도 실패한 사업은 재기하고 만다고 하고 취업은 막무가내로 싫다고 하니 더 이상은 살수가 없어 이혼 법정에 서게 되었습니다.
새내기 신부의 봇물 터진 진술이었다.

뱃속에 있던 아기는 점점 배불러 오고 있지만 앞날의 비젼이 보이지 않아 이혼을 결심한 것이었다.
남편은 자신에 머리만 믿고 경험도 없이 철저한 준비나 계획 없이 사업에 뛰어든 결과였다.
무모한 도전은 어리석은 일이고 인생의 성공은 정작 멀어지게 하는 것이다.
인생 실패나 사업 실패나 모두가 실패하기 때문이다.
사람을 쉽게 만나면 마음에 상처를 입고 쉽게 헤어지며 사업을 쉽게 시작하면 자신뿐 아니라 가족들까지도 힘들게 한다.

사업은 경험, 아이템, 자금, 3요소가 필요하다
기회란 그리 만만치가 않다.
굶은 사자가 먹이감을 포착하였을때 잽싸게 달려 들지만 성공율은 40%에 불과하다.
한번 놓치면 굶주림으로 며칠을 보내야 한다.
한번 놓친 그 절호의 기회는 다시는 돌아오지 않는다.
기회란 그리 많지가 않으며 좋은 기회는 위대한 재산이며 한번 뿐일 수도 있다.

지혜가 있는 사람이 기회에 포착 확률이 높으며 용기 없는 사람은 좋은 기회를 눈앞에서 놓친다.
기회는 다시 찾아온다 해도 그리 많지가 않다.
때문에 한번의 기회도 잡아 보지 못하고 인생을 마감하기도 한다.

기회는 포착이다. 자신에게 절호의 기회가 찾아와도 그것을 알지 못한다면 무용지물이다 매순간 어떤 기회를 잡으려고 하지 말고 기회를 잡을 수 있는지를 파악하는 것이 더 중요하다.
현명한 자는 자신에게 다가온 기회를 포착할 줄 알고 어리석은 자는 기회가 왔는데도 미적거리다 때를 놓쳐 좋은 기회를 읽게 된다.
기회는 과거를 보는 것이 아니며 미래를 보는 것이다.

기회를 잘 포착하는 것은 새로운 도전이다
살다 보면 인생이 너무 짧다고 느껴진다.
짧은 인생 기회를 잘 잡으면 인생을 두 배로 살고
기회를 못 잡으면 반쪽 인생 밖에는 못살게 된다.

매사에 열정적으로 살아야 매력이 있다.
사람의 정상 체온은 36.5도이고 물의 온도는 100도가 되면 끓는다. 주방에서 튀김을 만들 수 있는 기름의 온도는 160~180도가 되어야 튀김을 튀길 수 있다.

그렇다면 인생의 열정은 몇 도나 될까?
열정이란 일에 열렬한 애정을 가지고 열중하는 마음이다. 능력이 좀 부족한 사람이라도 열정이 높은 사람이 신뢰하게 되고 성과를 내게 된다.
사람은 열정적으로 살아야 한다. 사업이나 일을 할 때는 열정적이야 하고 사랑을 할 때도 열정적인 사랑을 하여야 한다. 열정적인 사람은 죽은 후에도 열정적인 인생이었다고 평가받게 된다.
열정하면 빼놓을 수 없는 월드 스타가 있다.
가난하기 때문에 출생 후 12일 만에 다른 집으로 입양되었다. 마릴린먼로다. 부모로부터 버림받은 그녀였지만 먼로는 배우가 된 후 타고난 감성과 지적 열정 때문에 최고의 톱스타가 되었다. 그녀는 뜨거운 열정 때문에 신혼 여행지에서도 첫날밤을 치르지 않고 군인들의 위문공연을 하였다. 노래와 춤을 출때 열정적이였다. 마릴린먼로는 단지 섹스 심벌로만 전세계인에게 알려졌지만 삶에 열정이 없이 다녔다면 그녀는 이름을 남길 수 없었을 것이다.

여자가 사랑에 열정적일 때 매력을 뛰어넘어 강력한 마력이 된다.

열정은 몰입을 낳는다 사랑도 일도 열정이 불타는 순간 그 어떤 것도 관심을 다른 데로 유혹하지 못한다. 그러므로 성공의 열정은 100도가 아닌 1,000도가 넘을지 모른다.

자신의 육체와 정신 모든 것을 하나에 집중시키는 열정 그것은 반드시 성공을 불러 온다.
춤을 배울 때도 열정적인 사람이 실력이 늘고 춤을 출 때도 열정적인 사람에게 매력이 있다 마음에 드는 사람에 마음을 사로잡는 것도 열정적인 사람에게 마음을 빼앗기게 되는 법이다.
지금까지 선택, 기회, 열정 다 갖추었더라도 성품이 나쁘면 함량 미달이 되어 하급 인생으로 전락한다.
병법에 대가 손무는 장군에게 다섯 가지의 위기가 있다고 했다.

그중 하나가 자신에 분노를 다스리지 못하는 사람은 부하들에게 평판이 좋지 않게 된다.
인격을 갖추지 못하면 자신의 감정을 컨트롤 하지 못하고 조그마한 일에도 발끈하며 분노한다.
어떤 사람은 화를 지혜롭게 다스리며 인생을 술술 풀어가고 어떤 사람은 화를 어리석게 다뤄 자신과 주변에 상처를 남기고 때로 자신이 화를 입는다.

방귀 뀐 놈이 화를 낸다고 자신의 허물을 덮으려
화를 내는 사람이 가장 못난 놈이다.
잘못이 있으면 즉시 사과해야 처세술에 능한자이다.
인간은 감정의 동물이기 때문에 자기감정을 잘 조절
할 수가 없다.
유순한 사람이라 할지라도 화 한번 안내고 사는 사람
은 없다.
자식이나 부하에게 따끔하게 화를 내는 것은 상대로
하여금 자신이 무엇을 잘못하였는지 반성하게 만들 수
있고 그러나 자극적으로 화를 내는 것은 금물이다.
 윗사람으로부터 질책을 듣고도 자신의 흠이나 허물을
모르고 책하는 사람에게만 서운하게 생각하며 대드는
것은 바보이기 때문이다. 화를 잘못 내면 자신에게
독이 되어 건강에도 나쁘고 인간관계가 단절을 초래하
게 된다.
 한번 화를 내면 8만 개의 세포가 죽는다.
화를 자주 내면 수 만개의 세포가 죽어 자신의 생명도
단축 된다.

동물의 세계에서 늘 화를 자주 내는 사자는 수명이
12년이지만 화를 내지 못하는 느긋한 거북은 수명이
200년까지 장수한다.
사람도 역시 마찬가지다. 신경질적이고 화를 자주 내

고 분노하는 사람은 잔병이 많고 먹어도 깡마르게 말
라가고 단명 한다. 관상학에서도 그 사람의 성격 마음
가짐의 행동이 고스란히 얼굴에 담겨 있다고 하듯이
바보스러운 사람은 성품이 너그러워 온순하며 질병도
없으며 느긋한 사람이 장수한다.
특별한 병이 없어도 갑자기 발작하며 화를 내며 분노
하면 혈압이 올라 그대로 쓰러진다.
고혈압 환자는 화는 금물이다.
그 충격으로 뇌로 이어져 식물인간이나 사망을 초래
한다.

상황과 관계없이 어쨌든 화를 내게 되면 화를 내는
사람이 손해다 신체의 건강이 모두 나빠지게 되기
때문이다. 사업하는 사람이 단골손님과 다투면 적던
크던 간에 거래는 끊기게 된다.
많은 사람이 있는데서 한사람에게 잘못을 몰아 세우면
자신의 잘못을 반성하기 이전에 인격적 무시를 당했다
고 여겨 함께 할 수 없어 인연이 끊긴다.

화를 잘 내는 부모 아래서 성장한 아이는 은연중에
깊은 상처를 입고 자라게 된다.
감정 조절이 잘 안되어서 반항적이고 냉정한 성격의
소유자가 된다.

배움이 많아 아는 것이 많은 사람은 더 많이 용서하게 된다. 화가 치밀어 오를 때는 일단 쉼 호흡을 하고 자리를 비켜나야 한다.
내가 무엇 때문에 화를 내나 하고 상대방에 역지사지를 생각 해 보는 것이 좋다.

욱하는 마음을 죽이고 소나기를 피하듯 비켜서야 한다. 시간이 흘러간 뒤에 시간이 약이 될 때 차분한 대화로 풀어간다.
분노는 간을 나쁘게 하고 기쁨은 신장을 좋게 한다.
화를 잘 다스리는 것도 습관이다.
참고 견디며 다스리는 습관이 몸에 배면 성인군자가 된다

우물을 파도 한 우물만 파라는 말이 있다. 춤을 직업적으로 한 우물만 파면 춤의 달인이 된다.
열 두가지 재주 가진 사람이 밥 빌어 먹는다.
여러가지 다 잘하는 사람 없고 여러 가지 하는 일마다 성공한 사람이 드물다.

일본에는 100년째 한자리에 초밥만 파는 집이 있다. 그리고 120년째 떡만 파는 떡집이 있다.
3대 4대째 내려오니 모르는 사람이 없다.

유명 초밥집 유명 떡집으로 브랜드 가치가 높다.
우리나라에도 간장만 고집하는 중소기업이었다.
3대째 내려오는 샘표 간장은 1946년 창업하였으니 80년이 다 되어 간다.

샘표 간장을 비롯하여 고추장 식초 등등 생산하여 샘표식품이라고 상호가 바뀌었는데도 소비자들은 샘표 간장이라고 입에 베어 있다.
창업자 할아버지 박규회 회장에 이어 아버지 박승복 회장 다음에 아들인 박전선 회장이 바통을 이어 받아 왔다. 우리들 식탁에도 생존한다. 된장을 믿고 신뢰하고 먹고 있다.

전문가의 길을 걸어야만 성공이 보장되는 전문가만이 살아남는다. 갖은 고난을 이겨내고 인내와 열정이 있어야 전문 기업으로 성공한다. 가장 잘할 수 있는 하나만 할 때 성공은 보장된다.

현재 필자의 딸인 전선영 감독은 결혼을 않고 미혼으로 영화 폭로 촬영에 열정적으로 빠져 있다.
현재로는 한국 영화 제작비가 평균 50억원이 든다.

그러나 워낭소리는 소재가 소와 노인뿐으로 제작비가

1억원 밖에 안들은 독립 영화였다. 독자들의 가슴을 적셔 주면서 200억원의 관객 수입을 올렸다.
무려 200배 이윤을 본 것이다.
하지만 50억원 이상을 들이고서도 본전을 빼지 못한 영화들이 적지 않다.

사업은 워낭소리처럼 최소한의 자본금으로 최대의 매출로 수입을 올려야 한다. 사업가도 건강을 잃으면서까지 돈을 버는 것은 어리석은 사람이다.
필자는 전 감독에게 주의를 시킨다.
영화 촬영은 고된 일이므로 불규칙한 생활도 건강에 위험이 되지 않게 하라고 신신당부한다.

모든 것은 빌릴 수 있어도 건강만은 빌릴 수가 없다.
건강은 아무리 강조해도 지나친 말이 아니다.
대학 병원에 가도 환자들로 인산인해고 병상이 없어 복도에 드러누워 있는 환자도 있다.
거리에 다닐 때는 병원에 한 사람도 없을 것 같은데 병원에 가보면 진료실마다 대기 환자들이 수도 없이 늘어서 있다.
2년에 한 번씩 국가에서 무료건강 검진은 필수다.
암은 전조증상이 거의 없어 멀쩡하다고 자만하던 사람이 검진을 받다가 암이 발견하는 일이 자주 있다.

돈을 잃는 것은 조금 잃는 것이며 명예를 잃는 것은 많이 잃는 것이지만 건강을 잃는다면 전부를 잃는 것이다.
건강을 잃고서는 그 무엇도 말할 수 없다.

자기를 철저히 관리하는 습관도 가정교육으로부터 시작된다. 세 살 버릇 여든까지 간다.
부모님으로부터 밥상머리 교육을 받은 필자는 초등학교시절 부터 좋은 생활습관이 몸에 배어서인지 성인병도 없고 불편한데도 없이 동안이며 아직도 젊다.
여자들보다 남자들 건강이 더 취약한 것은 술. 배. 과로, 스트레스 환경 오염 때문이다.

이렇게 섭생과 일과가 악영향을 받으면 성인병이나 암에 걸리게 된다. 생활 습관이 좋고 규칙적인 생활을 해온 사람도 노년이 되면 면역력이 떨어져 병마가 찾아오게 되는데, 돈을 번다고 생활전선에 뛰어들어 불규칙 생활과 자신의 몸 관리를 소홀히 하였다면 반드시 위중병 환자가 아니 될 수가 없다.

그러므로 정기적인 건강검진은 자신의 생명을 살리는 것이므로 열 일을 제치고 건강검진을 받아야 한다.
초기에 발견된 암은 완치율도 높고 5년 생존율도

높아서 장수 수명에도 지장이 없지만 3기나 말기인
4기 암일 때는 5년 생존율도 낮고 재발 위험성도
높아서 장수를 보장할 수가 없다.
완치 된다 하더라도 다른 장기에서 또 다른 암이 발생
될 수가 있기 때문이다.
나이가 들어서도 불편한 데가 없이 건강한 사람은
자기 관리가 철저하고 지혜로우며 부지런한 사람이다.
게으른 사람은 자기관리를 하지 않으며 건강관리도
소홀히 하기 때문에 건강검진도 신경 쓰지를 않는다.

모든 일이 다 그러하지만 건강만큼은 자신이 살아온
대로 살아간다. 알아야 잘 살 수 있다. 나라에는 법이
있듯이 사람에게는 도리가 있다
도리란?
사람이 마땅히 행해야할 바른길을 말한다.
2,000년 전 공자는 인간에게 도리를 가르치셨다.
그 가르침이 오랜 세월이 흘러 봤지만 틀린 말이 아니
었다.
20대에는 학문 뜻을 두어 배움을 완성하고
30대에는 그동안 배운 기초로 자신의 할 일에 임하고
    자기 얼굴에 책임을 지게 판단이 옳아야 하고
40대와 50대에는 지천명 하늘의 뜻을 알았다는 말은
    철이 났다는 것이고,

60대에는 귀로 들은 뜻을 알아듣게 되고,
70대에는 마음이 하고자 하는 대로 하여도 법도에
　　벗어나지 않았다.
80대에는 산전수전 다 겪어 경험이 많아 도서관
　　하나의 분량이 된다.
인생에서 30대는 기초가 되는 가장 중요한 때이다.
직업도 갖게 되고 결혼도 하게 된다.
첫 단추를 잘못 잠그면 계속 꼬이듯이 인생에서도 직업에 첫발을 드려 놓으면 평생 직업이 되어서 지내게 되므로 첫 직종이 아주 중요하다.
그뿐만 아니라 백 년을 같이 해야 할 배우자 선택 역시 자신의 운명을 좌우한다.
남편이고 아내이고 서로가 어떤 사람을 만나느냐에 따라 인생은 망가지거나 팔자가 달라지게 된다.
그래서 30대에는 직장에 이적도 많고, 창업도 많으며 배우자와 이혼률도 가장 높은 시기다.
30대는 시작이므로 성급하게 성공을 바라볼 수가 없다. 앞으로 미래를 위하여 전문 지식을 더 쌓고 최고의 일인자가 되기 위한 수련을 할 때이다.
레저생활로 여행만 다닌다든가 골프를 치러 다닌다든가 하는 것은 50대 이후로 미루고 40대에 꽃을 피우기 위해 최선을 다할 때이다.
36세까지가 청춘이다.

청춘은 시간 낭비하면 인생을 낭비하는 것이다.
한번 지나간 청춘은 다시는 돌아오지 않는다.
인생은 망망대해를 건너는 배와도 같다.
폭풍우가 몰아쳐 난파되어 목숨을 겨우 건질 수도 있고 날씨가 좋아 순풍에 돛 단 듯이 평탄한 항해를 할 수도 있다 30~40대에 사업을 하다가 실패하면 빚쟁이들 등살에 죽고 싶은 심정이 하루에도 몇 번씩 들 때가 있다.

그러나 아이들 생각해서 마음을 돌려 먹기도 한다.
비바람이 불면서 눈보라가 치던 날도 있지만 여름 햇살이 작렬하게 이글 거리며 화창한 날씨가 계속 될 때도 있다. 사업은 이런저런 세상 경험을 종합 할 때 작품이다. 카리스마, 자신감, 과감함. 피 끓는 열정 추진력이 있어야 되지만 무엇보다도 중요한 것은 도전이다.
 도전은 나이와 성별, 학력, 과는 무관하다.

가난해서 초등학교도 못 다니던 70~80대 할머니들이 초등학교에 입학하여 시집을 내기도 하였다.
자기 이름조차 쓰지 못하였던 문맹자가 시집을 내어 세상에 화제가 된 것은 도전이 있었기 때문에 가능 하였던 것이다.

공부 취업 춤 사랑 등등 모든 것에서 도전은 필수적이
며 결실을 이루는 데는 열정이 필요하다.
특히 실버시대에는 몸도 가볍게 머리도 맑게 하기
위해서는 사교춤에 도전하라고 추천하고 싶다.
춤은 예술이다.
50년간 춤에 산증인 강태공 교습소에서 자격증을
획득하면 지도자의 길도 열리게 된다.

강 원장님 010-7222-5515
김 선생님 010-2171-8144

목숨을 걸고 머리를 도치 삼아 대드는 데는 한계를
극복 할수 있는 힘이 생겨 꿈을 이루게 된다.
자전거를 타고 가다 멈추면 쓰러지듯이 도전 활동하다
중단하면 중간에서 쓰러진다.
그동안에 시간과 금전은 낭비가 되어 하다가 포기하면
처음부터 아니함만 못하다.
나는 할 수 있다 잘 할 수 있다 잘 될거야 하고 긍정
적인 용기를 갖고 도전하여야 한다.
시련과 고난을 겪어 보지 않은 사람은 온실 속에서 핀
꽃처럼 연약하다.
순탄하게 살아 왔거나, 마마보이로 어리광만 부리면서
성장해왔던 사람은 시련과 곤경에 닥쳤을 때 좌절하기

나 절망하며 인생을 포기한다.
그러나 야생화 같이 바람을 다 맞으며 피었던 꽃은 어떠한 시련과 고난이 와도 당황하지 않는다.
시련과 절망을 기회로 삼고 난관을 헤쳐 나가려 한다.
전자에 사람들은 힘든 것 어려운 것이 있으면 피해 가고 후자에 사람들은 바닥에서 박박 기면서도 웃는 사람들이다.

이 세상에서 가장 어리석은 사람은 사업실패 하였다고 일가족이 자살 사건이다.
가장이 사업 실패로 전 가족의 목숨을 함께 데려가는 것은 생각이 짧기 때문이다.
죄 없는 어린 자식들까지 부모 잘못 만나 꽃은 피워보지 못하고 죽는 것은 정말로 애석하다.
이런 경우처럼 사람은 늘 독서를 하여야 한다.
독서를 하면 새로운 제시을 받게 되어 마음을 고쳐 먹을수 있다.
도대체 읽는 것을 싫어하는 사람은 생각도 짧고 단순하여 합리적인 생각을 못한다.
생각이 단순하다면 많이 읽고 많이 쓰고 많이 생각하라 그러면 당신은 나날이 발전될 것이다.
발전은 생각하는 사고 처세 자신을 컨트롤 할 줄 아는 지혜로 건강까지도 관리하게 되어 장수한다.

절망의 늪에서 희망을 찾는 사람들은 일시적 노숙자가 되었다가 중소기업 CEO가 되기도 한다. 화상으로 10번 수술 받은 젊은 여자가 절망하지 않고 생에 애착으로 희망을 가졌기 때문에 새로운 인생으로 다시 태어날 수가 있었다.

사람은 감정의 동물이기도 하지만 생각하는 동물이다.
생각을 하느냐에 따라 자신의 운명은 달라진다.
태평양 바다 같이 넓은 생각을 가지고 있는 사람은 포용력 있게 살아갈 것이고 새가슴 같이 좁쌀만한, 생각만 하는 사람은 매사를 부정적이고 단순하게만 살아간다.

대통령이나 대기업 회장이라고 해서 모든 것을 다 아는 무불통치는 아니다. 각 부처에는 장관이 있고 각 부서에는 부장 등이 있다. 적시적소에 인재들을 기용하여 인재들의 머리를 빌려 국정을 운영하고 대그룹을 경영하는 것이다.
세계적인 대기업들은 중간 경영자들이 인재이기 때문에 세계적인 글로벌기업으로 성장하게 된 것이다.
미국에 최고 재벌 철강 왕 카네기는 자기보다 현명한 사람을 주위에 모으는 법을 알았던 자 여기에 잠들다.
이렇게 묘비명에 적어 놓았다.

우리 나라에 1위 기업 삼성그룹에 창업주 이병철, 2세 이건희, 3세 이재용도 기업에 가장 우선 순위를 인재에 두었다.

기업은 사람이기 때문이다. 탁월한 인재 한 명이 만 명을 먹여 살리기 때문에 인재 경영 시대이다.
기업뿐만 아니라 전쟁 시 군대도, 가정의 배우자도 어떤 사람과 함께 하느냐에 따라 성패는 갈리게 된다.

지하자원이 풍부하지 않고 가난한 가정생활에서도 살아갈 길은 인재다.
그래서 부모들은 자식 교육에 모든 것을 논밭이나 소를 팔어 대학까지 가르치며 외국유학까지 가르쳐 인재로 만들었다.
사람의 두뇌에는 무한한 능력이 잠재되어 있다. 머리는 쓰면 쓸수록 발달 되도록 되어 있다.
머리를 제 아무리 많이 써도 일생 동안 사용한 머리는 30%밖에 못 쓰고 죽는다는 연구 결과가 있다.
머리를 남달리 쓰기 때문에 에디슨은 전기를 발명하였고 빌게이츠는 인터넷 컴퓨터를 개발하였다.
이러한 발명가들 때문에 문명이 발달하여, 인류에 큰 기여를 한 것이다.

사람의 머리에 무한하게 저장 되듯이 컴퓨터나 스마트폰에도 수만 권의 책이 저장될 수 있으니 놀라울 따름이다.
앞으로 전쟁도 머리싸움이다. 칼은 붓을 이길 수 없듯이 신형 무기라도 인터넷 같은 인간의 두뇌를 이길 수 없다. 인간은 배워야 발달한다. 배우지 않으면 말 못하는 동물보다 더 나을 것이 없다.
그런데도 자신은 다 아는 것처럼 착각하며 게으름만 피워 사람답지 못하게 살고 있어 인생을 마냥 낭비하기만 한다.

여자에게 말수가 적은 행동은 여성이 지닐 수 있는 최선의 장식물이다. 자기 말만 계속하면 상대방에게 매력을 잃는다.
여자의 선량함에 끝이 없다면 사악함에도 끝이 없다. 지혜롭고 참한 아내는 남편에게 값진 선물이고, 악한 아내는 남편에게 악성 종양과도 같다.
여자는 아름다우면 아름다울수록 더욱 청결해야 하며 오직 청결해야만 자신의 아름다움이 낳는 위험함과 해로움에 대항할 수 있다.
그녀에게 줄 수 있는 최고의 선물은 그가 가진 것을 발견할 수 있도록 도와주는 것이다.

이 세상에서 가장 무서운 여자는 무식한 여자이며, 가장 큰 죄악은 아무것도 배우지 못하고 잠자리에 드는 일이다.
하늘이 내리는 불행은 피할 수 있지만, 스스로 부른 불행은 도저히 피할 수 없다. 인생을 살면서 실패하면 절망에 빠질지도 모른다.

그러나 실패가 두려워서 시도해 보지도 않는다면 그 사람의 인생은 이미 끝난 것이나 다름없다.
인생에서의 가장 큰 기쁨은 세상 사람들이 모두 당신은 할 수 없다고 말하는 것을 반드시 해내는 것이다. 하면 된다. 불가능이란 없다.

인생에서 꿈을 품고 무엇인가를 할 수 있다면 지금 시작하라 새로운 일을 시작 하는 용기 속에는 당신의 천재성과 능력과 기적이 모두 숨어 있어 당신은 할 수 있다. 인생은 화살이다.

그러므로 당신은 표적이 무엇인지를 알아야 한다.
활을 어떻게 사용할 것인지를 그다음은 화살을 장전하여 그것을 표적을 향하여 날려 버려야 한다.
인생을 살면서 생각하는 것이 인생의 소금이라면 희망과 꿈은 인생의 사탕이다.

그리고 인생에서 꿈이 없다면 인생은 쓰다.
쓴맛이 난다. 가장 뛰어난 재능도 무위도식하면 마침내 사장된다. 남에 대한 경솔한 비난은 많은 해악을 가져온다. 겸손함이 없는 자는 자기완성이 도저히 불가능하다.

남을 비난하는 것을 그만두어라 그러면 자신의 마음이 한층 가벼워질 것이다. 자기를 높이는 사람은 반드시 낮아지고 자기를 낮추는 사람은 더욱 높아진다.

남을 비난하기 전에 자기 자신부터 바로 잡을 것을 생각하라. 털끝만 건드려도 발끈하는 사람은 자기 수양이 부족하기 때문에 큰 인물이 되지 못하는 함량 미달이다.

9. 신언서판 이란?

우리 조상들은 옛날부터 인재를 발굴할때나 사람을 선택 할 때 신언서판으로 사람을 골랐다.
그 네 가지 기준은 생김새, 말씨, 문장력, 판단력으로 구분하였다

첫째, 생긴 모습이 귀티가 나는지 빈티가 나는지 무지하여 박무사내로 생겼는지 온순하고 착하게 생겼는지 외모에서 들어나기 때문이다.

둘째, 말하는 것을 들으면 그 사람이 유식한지 무식한지 지혜로운지 학력을 가늠할 수가 있다

셋째, 글을 잘 쓰는 것은 머리에 들은게 있어야 문장을 잘 쓸 수가 있으며 시나 서신을 작성할 때 좋은 문장력이 나온다.

넷째는, 판단력이다. 머리에 들은게 많으면 어리석은 짓을 하지 않으며 사람에 됨됨이가 되어 있다. 그러므로 섣부른 행동으로 눈살 찌푸리거나 손가락질 받는

행동을 하지 않는다.

그리고 인간에게는 급수가 있다. 상류층 중류층 하류층으로 나누어진다.
사는 수준에 따라 생각과 말과 행동도 급수대로 한다. 또 사람들은 자신 위주로 생각하기 때문에 자신이 하류층이면서도 자성을 하지 못한다. 자신 때문에 남에게 피해를 주었으면서도 양심에 가책을 느끼지도 못하고 용서나 사과를 할 줄 모른다.
인간이 저질스럽기 때문이다. 그러므로 그런 하류층은 10년, 20년 이상 동안 평생 급수가 달라지지 않아
제자리 걸음만 걷고 있다. 생각이 저급하기 때문이다. 생각이 팔자라는 말처럼 생각에 따라 말과 행동과 성질이 저급하기 때문이다.

중류층이나 상류층은 하류층의 저급한 사람들과는 거리를 두려고 한다. 자신보다 못한 사람을 가까이 하거나 상대 해봐야 상처를 받거나 피해만 보기 때문이다. 저급한 하류인간은 더 이상 잃을 것이 없기 때문에 인격이 없고 사람과 맞상대하게 되면 같은 사람으로 취급되어 마음적으로 경계를 하고 들 있다.
없는 사람에게는 얻을게 없다. 피해를 보았다 해도

보상받을 수가 없고 용서와 사과조차 받을 수 없다.

설령 어떻게 해주겠다며 약속을 받더라도 저질인간의 말은 믿어서도 않된다. 늘 가난하고 아무것도 없는 사람은 거지처럼 인격이 없으므로 똥이 무서워서 피하는 것이 아니라 더러워서 피하듯이 무시하고 피하는 것이 상책이다.
춤 파트너 역시 가정이 없거나 독신의 사람을 사귀지 않으려고 한다.
이것도 저것도 없는 삶이어서 달라붙어서 떨어지지 않으면 골치가 아프기 때문이다.
아무것도 잃을 게 없는 파트너에게는 집착이나 스토킹도 당해 헤어질 때는 앙심을 품고 해코지를 당하게 되므로 자신만 고스란히 패가망신 당하기 때문이다.

주의 깊은 자는 냉정한 통찰력으로 파악한다. 믿음의 고삐를 세게 당김으로써 천천히 달리게 하고 보이지 않는 것은 그 믿음에 박차를 가한다.
어리석은 자들은 아무것도 가진 게 없어 허영, 오만, 고집, 독선 변덕스러움 쓸데없는 자존심으로 되어 있다. 그런 자들은 자신을 돌아 볼 줄 모르고 남에 험담만 늘어놓는다. 이런 저질층이 입에 오르내리는 것은 수치이므로 말을 섞지 말고 너그러운 표정으로 대하다 미운 놈 떡 하나 더 주는 심정으로 타고 넘어가 성급하게 발끈하는 것은 우둔한 자들의 성격이다.
그들은 이해하지 못하기 때문에 아무런 예방책도 없이 성급하게 판단하여 발끈하는 것이다.
성급하고 발끈하는 사람치고 상류층 인사는 없고,
하류층에게만 볼 수 있다. 하류층에는 없지만 상류층에게는 고귀한 마음 관대한 정신 폭 넓은 아량, 잘 드러내지 않는 속마음을 가지고 있다.
상류층이 하류층을 무시할 때 무시당한 층은 존심에 살인도 불사하기 때문에 상류층은 마음속에 감추고 외부적으로 절대 표출하지 않는다.

인격과 성품은 주위 환경으로부터 영향을 받기 때문에 차원이 높은 사람끼리만 상대하는 상류층은 인품이 고상하게 되고 품격 있게 높아지지만 똥은 똥끼리만 만난다는 듯이 하류층은 없고 막된 사람끼리만 만나기 때문에 흑인이 백인으로 될 수 없는 것과 같이 하류층에서 벗어 날 수가 없다.

버릇은 습관이다 은행창구나 병원 진료실 앞에서 건널목에서 기다릴 때 발을 동동 기다리면서 왜 이렇게 늦는거야 하며 짜증을 내거나 화를 내는 버릇을 자주 하는 습관이 되어 성질이 나빠진다.

누가 자신이 비위를 건드리면 참지 못하고 분노하며 대드는 사람도 자신이 눈살 찌푸리는 행동한 것을 생각 못하고 자신에게 비난하는 것만 발끈한다.
약속을 지키지 못하였으면 미안하게 생각하고 자신에게 자책 할 줄 모르는 인간은 남에 단점만 보이기 때문에 남만 탓한다.
이 모든게 함량 부족한 사람들은 매력이 없는 공통점이다. 미친놈을 상대하면 같은 미친놈이 되듯 저질층을 상대하여 같은 저질이 된다.
하잘 것 없는 미물도 습관대로 살아간다.
곳간에서만 먹고사는 쥐는 늘 곳간에서만 살고 변소간에서만 지내는 쥐는 늘 변소간에서만 먹고 지낸다.

하물며 고등 동물 역시도 이와 마찬가지다 늘 풍요롭게 잘 먹고 잘사는 사람은 때깔도 좋고 빛이 나지만, 늘 못 먹고 못하는 사람은 우중충하다.
상류층은 자태는 고요하고 엄숙함은 가문과 같고 따뜻함을 봄과 같다. 점잖으면서도 고집스럽지 않고 온화해서 기쁜 것 같고 무뚝뚝하나 안에 덕이 머물러 있어 매력이 있다.

인간에게는 또 세 종류의 사람이 있다.
이 세상에 꼭 있어야 될 사람이,

세상에 있으나 마나 한 사람이,
세상에 있어서는 안 될 사람,
꼭 있어야 될 사람은 인류에 기여하며 도움이 되는 사람이고, 있으나 마나 한 사람은 바람 부는 대로 물결 치는대로 사는 사람이고 있어서는 안 될 사람 은인에게 은혜도 모르고 적을 만드는 사람이다.

좋은 사람을 가려서 만나는 것은 좋은 먹거리를 가려서 먹는 것과 같다. 영양가 있는 음식을 먹으면 몸에 이롭지만 상한 음식을 먹으면 몸에 병이 생긴다.
사람을 만나는 것도 이와 같다. 인류에 기여하는 사람을 좋은 사람을 만나면 자신의 멘토가 되어 하나라도 더 배우고 도움이 되지만 썩은 음식을 먹은 것과 같이 만나지 않아야 될 사람을 만나면 전혀 도움이 않되고, 오히려 나쁜 일만 생기게 된다.

남자는 여자가 안 되어 봐서 여자를 모르고 여자는 남자가 안 되어 봐서 남자를 모르듯이 인류에 기여하여 혜택을 준 사람은 좋은 물건을 만들어 세상에 좋은 삶을 질 높게 만들었고 좋은 글을 써서 세상 사람들에게 지식을 주고 지혜를 주게 하였다.

그러나 세상에 있어서는 아니 될 사람은 마약 같은 독

약을 만들어서 사람을 미치게 하였으며 남의 귀한 목
숨을 함부로 뺏은 살인자와 마찬가지로 남에게 큰
피해를 주고도 뻔뻔한 자들이다. 인류에 기여하였던
상품에 사람들은 모든 일에 정신을 집중 시킨다.
사람에게 해가 되어 곤충을 잡는 곱사등인 사람은
마치 곤충을 손으로 주워 담듯이 잡았다.
하도 신기해서 물었다 무슨 비결이라도 있소 하자
비밀이라기 보다 곤충의 날개만 집중하며 생각하는 것
이지요. 작은 곱사가 높은 나무에 붙어 있는 곤충을
찾는 것은 정신을 바짝 차리고 그것만 집중하는 것이
비결이었다.

매사에 무슨 일이고 부지런하고 끈질기며 집중하면
인류에 기여할 수 있는 사람이 된다.
인격이나 지혜가 없다는 말을 듣지 않고 살았으며
용기가 없고 베짱이 없다는 말도 들어보지 않은 사람
도 사업만 하면 번번히 실패하고 몇 십년간 공장을 해
도 번번히 돈 한푼 없다.
고향에 가도 알아주는 사람 하나 없고, 무슨 죄를 지
었는가에 곤궁하게만 살아가야 하는지 모르겠습니다.
전 박사님께서 가르쳐 주십쇼!
당신을 산전수전 다 겪어 본 나이가 들었어도 인생
처세술이 부족하기 때문이다. 사업하는 사람은 간과

쓸개까지도 다 내버리고 살아야 한다.
눈과 귀가 있어도 고객이 하는 거슬리는 불쾌한 말과 행동에 듣지 못하고 보지 않은 것처럼 하여야 하고 안 되는 일을 억지로 애써 이루려고 버둥거려서도 아니 되는 법이다.
아시타비란?
나는 옳고 상대는 틀렸다.
자신을 다 잘하는데 남은 그르고 잘못하는 것으로 생각하기 때문이다. 내가 하면 로맨스, 남이 하면 불륜으로 인맥을 적으로 만드는 어리석은 짓을 해 왔기 때문이다. 지금 정치인들도 자신은 옳고 남은 그르다 라는 아전인수격이기 때문에 국민들에게 손가락질을 받아서 정치 생명이 끝나게 되는 거라 허물은 산만큼 큰 사람이 남에 티끌 만한 흠집을 따지는 사람은 수양이 덜 되었기 때문에 제 아무리 나이를 먹어도 헛 살은 인생이다.

사업하는 사람이 겸손하지 못하면 거래처고 단골고객도 등을 돌린다.
정치인들끼리 적이 되었다가 대중 앞에서는 웃으면서 악수를 하며 너그러운 모습을 보여 주지만 속마음에 앙금은 가시지 않고 있다.

그러나 때로는 적과 동지가 되어 같은 둥지를 틀기도 한다. 봄에 씨를 뿌려야 가을에 열매를 거두는 것처럼 이 세상에는 저절로 이루어지는 것은 없다.
모든 것은 격에 어울리게 살아 나가야 한다. 큰 물고기는 얕은 물속에서 몸을 제대로 움직이지 못하지만 작은 미꾸라지는 얕은 물에서도 날쌔게 몸을 놀린다.

몸집이 큰 짐승은 언덕에서 숨을 곳이 없지만 작은 여우는 숨을 곳이 많은 것처럼 수레를 삼킬 만큼 큰 짐승도 무리들 속에서 벗어나 움직이면 덫에 걸릴 위험이 없고, 배를 삼킬 만큼 큰 물고기도 물에서 벗어나면 하찮은 개미 떼의 공격을 받는다.

그래서 야생 동물은 깊은 산속에서 내려오지 않고 물고기들은 깊은 물속에서 떠나지 않는 법이다.
이러한 세상 이치와 순리에 따라야 한다.

사람은 타고난 본성이 있기 때문이지 성질이 나빠서가 아니다 타고난 본성은 DNA 때문에 성질머리는 고치기가 매우 힘들다.
자격증은 건강만 하다면 3년 만에 달인이 될 수 있듯이 모든 일은 때와 시간에 따라 이루어지므로 첫 숟갈에 배부를 수 없다.

이제부터 남의 일에는 일절 마음을 쓰지 말고 자신에게 수양을 쌓으며 실력을 길러야 한다.
자신이 하기에 따라 분명 인생도 바뀐다.

어린아이가 온종일 울어도 목소리가 쉬지 않는 것은 자연의 이치고 아기가 온종일 손을 쥐고 있어도 굳지 않는 것은 자연과 하나이기 때문이며, 아기가 무엇을 봐도 눈을 깜박이지 않는 것은 어느 한 곳에만 사로잡혀 있기 때문이다.
이 모든 세상에 조화로 정해서 있기 때문에 자신이 하기에 달려 있다.
길을 가다가 누가 안 본다고 노상 방뇨나 코를 풀고 침을 뱉는다면 자신은 일시적으로 시원할지 몰라도 품위를 잃는 일이다.

습관으로 버릇이 되면 무심코 어린 손자는 존경하던 할아버지에게 실망하여 그 후로부터는 경멸할 것이다. 인격을 갖춘 사람은 캄캄한 밤이나 환한 대낮이나 한결같이 행동하며 웃음이 없는 사람은 웃을 일이 없게 되면서 얼굴이 굳게 되었고, 웃을 일이 많은 사람은 웃을 일이 없었을 때도 싱글벙글 웃음꽃이 끝이질 않는다.
사람을 쉽게 만나는 사람은 쉽게 헤어지고 깊이 생각

해보고 어렵게 만나는 사람은 인연이 길게 맺어진다. 고국에서 한번도 본 적이 없는 사람을 외국에서 보면 반갑고 인적이 없는 산골에 사는 사람은 발자국 소리만 들어도 기쁜 법이다.

개와 말도 관상을 보고 판단하듯이 사람도 관상을 보고 판단한다. 가장 못난 개는 먹는 것만 좋아하는 미련한 놈이고 조금 나은 개는 바라보고 짖는 개이고 제일 좋은 개는 주인을 지켜주고 도둑을 짖어서 물리치는 개다.
말은 뛸 때는 곧게 나가고 둥글게 돌 때는 원을 그리듯 도는 말이 일등급 말이다.

천하에 가장 뛰어난 말은 바람과 같이 가볍게 빨리 달리는 재질을 가지고 태어난 말이다.
이런 명마는 씨를 받는 종마로 몸값이 천정부지다 종마는 생긴 외모도 늘씬하게 쭉 빠졌고 건강미도 넘치며 빛깔도 빛이 난다.

10. 오래 살려고 할 때 장수한다.

우리의 인생은 30년에 한 단계로 구분된다. 첫 30년은 부모님 슬하에서 자라면서 사회진출을 준비한다.
두 번째 30년은 경제 활동을 하며 가정을 이루고 자녀를 돌보는 시기다.
세 번째 30년은 제2의 인생으로 과거에 못했던 것을 이루는 할머니들에게도 기회이자 꿈을 성취시킬 수 있는 기간이다.

수영장, 시니어모델, 콜라텍, 노인복지관에도 할머니들이 훨씬 많다. 롯데백화점 영등포점 문화관에 시니어모델로 남자는 한명인데 여자분은 15명이나 된다. 60세 이후 취미와 취향을 갖는 것은 풍요로운 삶을 위해 필요하다. 춤을 배우고, 시니어모델을 해보고, 골프나 수영을 하고 악기나 컴퓨터를 배우면서 미처 발견하지 못했던 재능을 발견하게 된다.

정년퇴직한 친구들에게 물어보았다. 천차만별한 답변이 나왔다 등산을 다니겠다.
붓글씨를 배우러 다니겠다. 시니어모델이나 춤을 배우

러 다니겠다. 마음이 청춘인 친구는 젊고 예쁜 여자와 연애를 해보겠다. 인간은 본능적으로 즐거움을 추구해야 세상 사는 맛이 나게 된다. 인간은 놀이하는 인생이다. 축구, 야구, 농구를 보면서 목청을 높이며 응원하고 연예인들의 TV 드라마의 열연에 눈물을 흘리며 가수들의 노래와 춤에 들뜬 열기는 박수를 치며 즐거워한다. 이처럼 각자가 즐길 때 흥미롭고 윤택한 삶에 윤활유가 되어준다.

그러므로 매력 있는 사람이 삶의 질이 좋게 살아간다. 미국에서는 별들의 불륜으로 시끌벅쩍 하였다.
60대의 장군들이 30대의 유부녀들과 이메일이나 스마트폰으로 문자로 주고 받는 애정 편력을 보였다가 불륜 증거로 별들이 신문에 대서특필 되었다.
70세 때까지는 자신을 늙었다는 생각이 들지 않지만 80이 넘어서면 나도 늙어 가는구나 하는 생각이 든다고 한다.

얼마 전 TV에서는 70대 노인이 젊은 여자의 유혹에 넘어가 백 억대 재산을 날리고 노숙자 신세가 된 이야기가 화제였다.
그런가 하면 70~80대가 모여 악기를 배워서 합창단을 만들더니 요양원에 찾아 다니며 위문공연을 하고들 있다. 20~30대가 못하는 것을 해내는 실버들이다.

이러한 실버들이 청춘이다. 무엇인가에 미쳐있는 것이 청춘이기 때문에 젊음을 유지하고 열정적으로 살아가는 사람들의 특징이다.
장미빛 뺨 앵두 같은 입술 하늘거리는 자태가 아니다. 강인한 의지 풍부한 상상력 불타는 열정이 청춘이다. 나이가 들어도 늙지 않는 사람은 자신이 하고자 하는 일에 강 건너 불 구경하지 않고 미치는 것이다.

무엇인가에 미처 보지 않는 사람은 긴 인생에서 시간을 주인이 아닌 나그네로 살아가는 것과 같다.
누가 뭐라 하든 자신이 하고 싶은 일에 묵묵히 해나가는 사람들은 이해하지 못하지만 개의치 않는다.
자기 생각에 중요한 일을 하고 있기 때문이다.
나이가 많아도 마음이 청춘인 사람들은 자신을 건강하고 발전적으로 관리할 수 있는지를 잘 알고 있다.
자신이 잘할 수 있는 점과 부족한 점도 알고 있으며 스스로 동기 부여하는 방법도 가지고 있다.
때문에 위기와 어려움의 순간을 슬기롭게 넘기며 웃음으로 사람을 놀라게 하기도 한다. 인생을 나이가 들어도 청춘으로 살고 싶다면 건강뿐만이 아니다.

마음도 젊음을 유지하도록 하여야 한다.

①반듯하게 생긴 사람과 같이 지내라.
②많은 일은 지치게 되니 즐거운 일을 하며 지내라.
③무엇이 행복한 것이고 그렇지 않은 것인지 구분해서
   지내라.
④성질이 나쁜 사람을 피하고 따뜻한 사람과 지내라.
⑤중요하지 않은 것은 과감히 버리고 뜻이 깊은 것을
   하고 지내라

사람은 누구나 건강하게 오래 살기를 바란다.
그러기 위한 요소 중에 하나는 사랑이다.
행복은 사랑에서 오기 때문에 기쁨과 성공을 안겨주는 가장 중요한 역할을 하며 인생의 후반기에 잃어버린 사랑을 회복하는 것 남은 인생을 행복하게 하는 요인이다.
행복한 노년을 위해서는 정신과 육체건강이 필요하다. 노년에도 사랑에 빈곤하지 않는 것이 행복하게 살 수 있는 것이다.
앞으로는 150세까지 수명이 늘어난다고 하지만 지금 120세까지 살고 있는 사람들의 공통점을 보면 자로 잰 듯이 시계와 같이 정확한 생활을 규칙적으로 하고 있다. 밤 10시만 되면 무조건 취침에 들고 아침 6시면 자동으로 일어난다.

어려서부터 습관이 몸에 배어있기 때문이다. 삼시 세 끼는 제시간에 챙겨 먹고 소식을 하며 식사 두 시간 후 중간에는 간식으로 과일을 먹는다.
젊은 시절부터 8시간 일하고 8시간 잠을 자고 나머지 8시간은 일터에 오고 가는 시간에 그리고 운동이나 취미생활을 한다.

맛있는 음식은 맛을 느끼고 성관계를 하면 쾌감을 느끼고 남을 위한 일을 하면 기쁨을 느끼고 칭찬을 들으면 일주일 동안 기쁘다. 생명을 건강하게 장시간 유지 하려면 에너지가 있어야 한다.

곡물, 야채, 생선, 육류, 과일 여러 종류를 섭취해야 한다. 다섯 가지 곡식으로 영양가를 높이고 다섯 가지 과일로 영양을 보조하고 다섯 가지 가축으로 몸을 보신하고 다섯 가지 채소와 색깔로 몸을 조화롭게 한다.

다섯 가지 채소나 과일은 오장 육부가 맑아진다.
오미자 같은 다섯 가지 맛에는 다음과 같은 이로움이 있다.

1. 신맛은 간에 좋아지고
2. 쓴맛은 심장이 좋아지고
3. 단맛은 비장이 좋아지고
4. 매운맛은 폐가 좋아지고
5. 신맛은 신장이 좋아진다.

이외에 술은 세잔은 약이 되고 과음하면 독이 된다.
1. 추위나 냉습의 피해가 있을 때
2. 불결한 음식을 먹었을 때
3. 나쁜 냄새를 맡았을 때

노인들이 반주를 하면 이롭다.
이럴 때 술을 약주라고 부른다. 적당한 작은 양은
매일 해도 좋은 것은 식욕을 촉진하고 소화를 도우며
혈액순환을 원활하게 하는 음식이다.
권력자들이나 재벌 총수들이 단명한 것은 고급진 것만
잘 먹고 움직임은 적어 혈액 순환계에 병들기 때문이
다. 밀가루 음식으로 짜장면이나 우동을 먹을 때 밀가
루 분식에는 식초를 친 단무지를 먹는 것은 밀가루 독
을 완화하기 때문이다,

분식을 자주 먹으면 혈관에 이상이 생기고 살이 찌며
내 분기 흐름이 좋지 않아 희귀병에 주요 요인이 된

다. 맥주를 계속 먹으면 통풍환자가 되듯이 간질, 무력증, 암, 고혈압, 당뇨, 성인 만성병이 늘어가고 있는 이유가 되기도 한다.

병이 없이 행복 하려면 섭생에 신경을 써야 한다.

당뇨병 환자가 음식을 가려 먹으면 혈당 수치가 내려가는 것만 보더라도 알 수가 있다. 행복은 혼자 할 수만 없고 가족 파트너 이웃 친구가 행복해야 내가 행복하다. 이러한 사람들이 나로 인해 행복해 하면 기쁨이 용솟음치는 것만 보아도 나 혼자서만은 행복 할 수가 없다. 불로장생의 꿈은 누구나 갖고 있지만 마음먹기에 차이에 따라 달라진다.

행복한 사람은 120세 아니 150세 이상 살고 싶다.

생에 애착이 강한 사람은 장수하고 생에 애착을 느끼지 못하면 단명해진다.

건강하게 오래 살려면 거기에 합당한 자기 관리와 마음가짐을 철저히 하기 때문이다.

행복하지 않는 사람은 자기 관리를 소홀히 하며 되는 대로 살아가기 때문이다.

자기 관리가 철저한 사람은 몸을 따뜻하게 하면 면역력도 높이고 혈액 순행을 원활하게 돕지만, 몸을 차게 저 체온증으로 살아가는 사람은 수족냉증, 변비, 생리불순, 불임증, 성인병을 가져온다. 젊은 아가씨들이 시선을 끌어 보려고 멋을 내느라 아랫도리 다 벗듯이 하고 다닌다.
그 댓가는 얼마 안가서 답으로 돌아온다. 여자들에게 가장 많은 변비 생리통 불임증으로 고통받기 때문이다. 건강은 건강할 때 지켜야 한다. 밀집된 공연장이나 콜라텍에서 감기나 코로나가 감염되는 것을 보면 한꺼번에 모두 다 감염되지 않는다.

1. 평소에 따뜻하게 생활하고
2. 고루고루 영양가 있게 잘 먹고
3. 충분한 수면으로 8시간을 숙면하고
4. 걷기 운동을 규칙적으로 하고
5. 좋은 생활 습관을 가진 사람에게는 감염되지 않는다.

코로나 19 2년반 동안에도 실버대 콜라텍에서는 코로나 감염이 거의 없었던 것은 스탭으로 움직임이 많아 면역력이 생겼기 때문이다.

병원에서 환자를 접촉하는 의사 간호사 종사자들은 세균의 침범을 많이 받게 되면서 항균력이 강해지며 면역 또한 높아진다. 그러나 손을 자주 씻고 양치질을 하며 개인위생을 철저히 한다.

사람은 늙고 병들고 죽는 숙명을 갖고 태어났다.
노화는 태어나는 순간부터 시작된다. 감기에서 암에
이르기까지 끊임없이 반복된다.
기계도 고장 난 부분은 수리하면 다시 돌아가지만
사람은 마음가짐 감정을 다스려야 하고 생각 등이
복잡하게 얽혀있다. 그러므로 긍정적인 마음과 생에
대한 애착이 강한 사람이 완치율이 높다.

병을 만드는 사람도 나고 치료하는 사람도 자기 자신
이다. 그 병에 대해 반의사가 된다는 말이 있다. 의사
선생님은 환자를 도와 줄 뿐이다. 자기 자신이 병을
고치려는 의지를 갖추어야 치료에 효과를 보이는 것이
다. 우리 몸에 어떠한 장기에 질병에 걸렸다면, 자신
의 몸에 장기와 병을 알기 위해서 그 계통에 책부터
사서 보아야 한다.

발병 원인을 알고 병을 고치려는 적극적 의지를 보이
는 것이다. 그리고 병은 예방이 첫째다.
이미 병에 걸렸다면 다음에는 병에 걸리지 않기 위한
예방에 관심을 가져야 한다. 일병장수라는 말이 있다.
한 가지 병을 가진 사람이 오래 산다는 말처럼 병이
전혀 없는 사람보다 병을 알아봤기 때문에 건강에
조심하고 노력하기 때문이다. 장수 시대라고 하여

오래 사는 것만이 능사가 아니다. 또렷하게 활동하게 살아가며 장수해야지 늘 드러누워서 오래 사는 것은 축복이 아니고 재앙이다.

대전에 사시는 1919년생 105세 이삼추 할머니처럼 80세로 보이고 싶으시면 자신을 관리하세요
노환을 지연시켜 드립니다. "글루타치온"을 드세요!

동식물의 생로병사는 정해져 있지만, 그 정해진 내에서 천수를 다하는 것은 자신에게 달려 있다.
건강한 백세 노인들의 공통점을 물어보면 아내가 미리 가서 여자가 있었으면 좋다고 하였다.
열 아들 보다 악처 하나가 낫다는 결과다.
남자는 나이가 백세가 되어도 마음만은 늘 청춘이다.
인간의 섹스를 성교라 하고 동물의 섹스는 교미라고 한다. 인간의 섹스는 교류 교감 교합이 의미가 있지만, 동물의 섹스는 단지 교미라는 성적 도구를 기계적으로 교합일 뿐이다.
 인간은 상상력으로 성교를 하고 동물은 본능으로 교미를 한다.
그러므로 동물에는 변태나 강간이 없지만 인간에게는 변태, 강간, 관음증이 있다.
인간은 남녀가 한 몸이 되면 하나 되는 기쁨의 일치감에 짜릿함을 느낀다. 나는 나의 사랑하는 자에게 속하였고 나의 사랑하는 자는 내게 속하였기 때문이다.
그러나 동물은 이러한 감정을 느끼지 못하고 오르지 번식 본능으로만 의무적이다.

100세 이상 노인들은 과거에 부부 생활에서 황홀한 극치감을 보았기 때문에 나이가 들어 독신자가 되었어도 잊혀 지지가 않는다.

인간에게는 큰 충격을 받았을 때나 큰 기쁨을 얻었을 때는 세월이 아무리 흘러도 좀체 잊혀 지지가 않는 법이다.
이미 앞에서도 언급한 바와 같이 부부생활 중에는 기도하는 시간 이외는 서로 다른 방을 쓰지 말라는 말이 있다. 부부가 살아있는 동안은 성교는 중단하지 말라는 말이다.
100세 할아버지도 남자이기 때문에 아내가 없으니 여자 생각이 굴뚝같은 것이다. 성교에
첫째는 건강과 다이어트 효과가 있다.
여자가 절정을 느끼지 못하더라도 이성과 한 봄이 되는 짜릿한 일치감은 엔돌핀이 솟아나는 효과가 있다.

둘째는 면역 기능을 증가 시킨다. 감기는 30% 면역력이 증가하며 질환에 대한 저항력이 강해진다.
성적흥분은 항균 효과가 있고 남성의 정액은 여성의 자궁 수축 속에 유입되어 고질적 상처를 빨리 회복시키고 여성의 면역력을 증가 시킨다

셋째는 성교는 그 자체가 좋은 운동이다. 심폐 기능을 향상 시키며 체중 감량에도 좋다. 혈관을 팽창하게 하고 혈액 순환을 좋게 하는 것은 물론 신진대사를 촉진해 몸속 노폐물 제거에 큰 도움이 된다. 러닝머신, 에

어로빅 운동보다 더 열량이 소모된다. 파트너가 없어 섹스를 못하면 상상력만으로 칼로리가 소모되고 자위 행위만으로도 격한 운동을 한 것 같이 잠이 잘 온다.

넷째로는 섹스는 수명은 증가시킨다. 100m를 질주 하는 것과 비슷하여 심폐 기능을 높이고 혈압이 떨어 지고 심폐 기능을 높이고 심장병이나 뇌졸중을 감소시 키므로 돌연사를 반으로 줄인다.

다섯째 성생활은 뇌를 자극하여 노화를 지연시키고 치 매와 건망증을 억제시킨다. 뼈가 단단해져서 골다공증 을 예방할 수 있다.
남자의 정액의 각종 좋은 성분이 여성의 질을 통해 흡 수되었기 때문에 우울증 증세도 덜 겪는 것으로 나타 났다.

여섯째 섹스는 각종 장기에 산소 공급을 증가시키고, 성을 증진시킨다. 질 근육을 유연하게 만들고 생리통 을 감소시킨다. 그 이외도 전립선 예방 자궁 질환을 예방하고 자궁이 건강해진다. 따라서 폐경 후에도 성관계를 하면 질내 조직에 세균 감염에 취약해진다. 피부 미용에도 효과적으로 좋아지는 것으로 알려졌다. 섹스를 하는 여자는 피부가 고와지며 화장발도 잘 받는 것으로 알려졌으며, 혈액순환을 촉진 시켜 장밋빛 피부가 된다. 두통, 관절통, 요통, 근육통, 생리통, 치통에 이르기까지 통증을 감소시키거나 없애준다.

아름다운 성관계는 따뜻한 사랑을 주고받아 정신 및 심장 건강에 좋으며 자긍심이 높아진다.
우울증, 무기력, 의욕 저하를 치료하는 효과가 있어 섹스는 신이 내린 최상의 보약이다. 그러므로 하나가 되는 기쁨을 만끽할 때 남녀의 사이는 종이 한 장 들어갈 틈조차 없이 가까워지기 때문만의 결합인 듯 하지만 두 사람의 전체를 대표한다.
성기는 몸의 가장 은밀한 곳에 있어 특별한 사람이 아니면 볼 수도 만질 수도 없다.
다른 사람에게는 성기는 물론 그 부근에 닿는 것조차 성추행이 될 수 있다.

그러면 이처럼 은밀하고 비밀스러운 부위를 동성도 아닌 이성이 서로 합치는 성교란 하나 됨의 기쁨이며 축복이다.
노년을 행복해지려면 나이에 걸맞는 스포츠 댄스로 운동을 하고 사랑의 섹스가 있어야 한다.
영향에 균형을 이루며 잘 먹어야 하고 과도와 피로는 즉시 풀어 주어야 한다. 그렇지 않으면 면역력이 떨어져 무서운 대상포진을 비롯하여 여러 가지 질병이 찾아온다.

발진하면 악명 높은 대상포진은 몸에 수포가 생기며 통증이 나타나는 것이 특징이다. 노년기에 가장 많이 찾아오며, 어려서 수두가 있었다면 나이가 들어 면역력이 떨어질 때 나타나는 경우가 더 많다 참을 수 없는 통증으로 15일나 30일이 지나면 스스로 뾰루지가 없어지며 저절로 나을 수 있다고 하지만 수개월에서 수년 이상 지속되는 경우도 많다.

대상포진 후유증으로는 신경통이 오는데 대상포진 예방접종과 치료를 적극적으로 하여야 한다.
자가 진단으로는 피부에 반점이나 물집이 생긴다.
통증이 느껴지며 수두 전력이 있고 스트레스를 받으며 과로하였을 때 찾아온다.
완치 되었다. 가도 또다시 재발 되지 않게 신경을 써야 한다. 60세 이상 면역력이 떨어졌을 때 발병이 제일 많다. 몸이 불편하면 노년에 취미 생활인 스포츠 댄스, 시니어모델, 운동은 중단하게 된다. 건강에 좋다고 운동을 무리하였을 때 약이 아닌 독이 된다.
과유불급은 금물이다.

2050년이 되면 노인 1,000만 시대가 온다. 건강 보험 의료문제로 국가는 큰 어려움을 겪게 되어 복지 문제로 골머리가 아파질 것이다. 지금부터라도 시니어모델과 스포츠댄스 학원을 국가에서 직접 운영하여야 한다. 65세 이상을 저렴한 가격으로 배우게 한다면 노인 건강에 큰 도움이 될 것이다.

국가 재정에도 건강이 좋아지면 병원을 덜 찾아질 것이고 의료비는 크게 절감 될 것이다.

필자는 실버들의 낙원 매력을 집필하면서 사후 사전 예방책들을 노인건강과 노인복지로 국가에서 큰 짐을 내려놓게 될 것이라 확신한다.

정치인들이 외면한다면 국가에 지원을 받아 설립해 보자 필자는 본서를 집필하면서 크게 깨달았다.

시니어모델을 합친 스포츠 사교춤 학원이 반드시 필요하다.
1. 먹은 만큼 몸이 되고
2. 움직인 만큼 살게 되고
3. 읽은 만큼 사람이 된다.
4. 아는 만큼만 보이게 되고
5. 성질대로 운명이 되고
6. 마음먹은 대로 팔자가 된다.

11. 아랫도리를 춤추게 하라

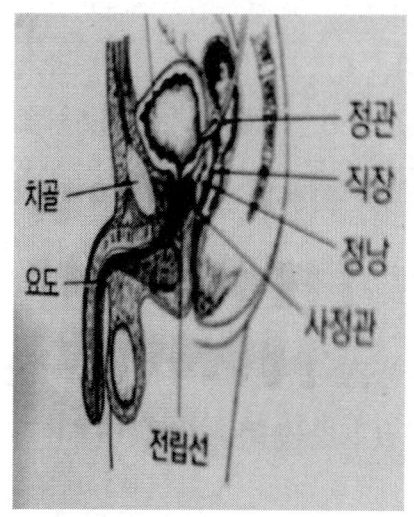 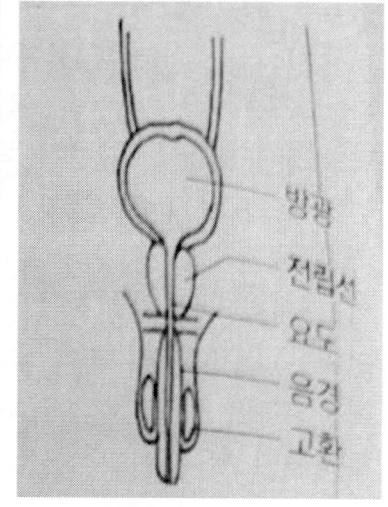

1) 남성의 '갱년기'

남성의 갱년기 장애는 흔히 나이 탓을 하기 쉬운 증상이라, 스스로 자각하지 못한 채 지나치기 쉬운 특성이 있다.

나이가 들면서 남성 호르몬이 감소하면서 찾아온다. 개인 따라 다르지만 성욕 감퇴, 발기부전, 성관계 횟수 감소 등 성기능 저하가 먼저 나타나며 무기력감, 만성피로, 불면증, 복부비만, 근력감소 증상 등이 나타난다.

갱년기 인지 의심이 된다면 비뇨기과를 찾아 혈액
검사를 통해 자신의 남성 호르몬 수치 등을 확인해야
한다.
자존심 문제로 숨기는 남성들
• 의심환자 40대 8%, 50대 14%
• 방치하면 치매 뇌경색 가능성
• 건강학회 조기발견 치료 권장

남성 갱년기 장애 의심환자들이 병원에 안 가는
이유는 여성의 질병은 사회 분위기가 강한데 남성은
성이라는 자존심을 건드리기 때문이다.

2) 할아버지 '냄새'

59세 된 K씨는 요즘 말 못할 고민에 빠졌다.
5살 된 손자가 자신에게 한 말에 고민이다.
'할아버지 냄새나!'라고 한 손자는 예전처럼 곁에
오지를 않는다.

대수롭지 않게 생각한 전립선 질환이 부부관계에
만족을 못해 부인과의 잠자리도 피하고 각방을 쓰는데
엎친 데 덮친 격으로 손자로부터 '냄새난다' 라는
말을 듣고 고민에 빠졌다.

아직 20~30년은 더 살아야 하는데 부인한테도, 손자한테도 천대받는 신세가 되어 혼자 지내는 시간이 늘었다. 가족들이 피하는 것에 우울감이 생겼다.

K씨는 이래서는 안 되겠다는 생각에 전립선 질환을 고치기로 마음먹고 전립선에 관해 관심을 두고 전립선에 좋은 운동을 시작했다.
잠자리가 멀어지면서 부부관계도 서먹서먹 해지고 이제는 아내가 이성으로 느껴지지 않으며 연인이 아닌 친구로 다가온다.

전립선에 좋다는 의료기도 사용하며 자신의 노후를 우울하게 만든 전립선을 회복시키기 위해 열심히 노력해야 한다. 전립선비대증을 고치지 않고는 부부관계도 손자와의 관계도 예전처럼 회복되지 못한다는 것을 그는 깨달았기 때문이다.

3) '전립선' 그것이 알고 싶다

전립선이란?

성기를 제외한 인체의 구조 중 남자는 없고 여자만 가진 것이 유방이라면 남자만 가진 것은 전립선이다.

여자의 유방은 신체 밖으로 나타나 눈에 띄기에 뭇 남성의 사랑을 받고 관심을 두지만, 전립선이란 놈은 신체 외부에 나타나지 않고 생식기 안에 숨어 있어 여성의 관심도 남자의 관심도 받지 못하고 있다가, 중년에 접어 들면서 소변보는게 시원하지 않고 오줌발이 힘을 잃을 때 부터 남자들의 관심을 끌게 된다.
이때부터 남자는 여자가 모르는 고통에 직면하게 된다.

남자에게는 전립선이 아주 중요

전립선은 남성의 생식 기관 중의 하나로서, 정액을 구성하는 액체 성분의 일부를 만들어 내는 샘물 같은 존재이다.

무게는 약 20g이며, 밤톨 모양이다. 방광 바로 밑에 위치하며, 전립선 가운데에 나 있는 구멍으로 사정관과 요도가 통과한다. 전립선은 정액 액체 성분의 25%를 만들어서 분비한다.

전립선이 남자에게 중요한 것은 전립선액이 정자에게 영양을 공급하며, 사정된 정액이 굳지 않도록 액체 상태를 유지함으로써 정자가 활발하게 운동할 수 있도록 돕는다.

이러한 정자의 운동 능력은 난자와 만나 수정할 수 있
는 능력과 직접 연결된다.

 또한, 여성의 질 속은 산성을 띠는데, 전립선액은
알칼리성이므로 산성을 중화시켜 정자를 보호하는 역
할을 한다. 정액에서 나는 독특한 냄새는 전립선액에
서 나는 것이다.

음경은 뼈가 없고 해면체로 이루어진 것으로, 음경에
서 발기와 음경의 지탱을 해주는 조직으로써 이 근육
조직은 탄성섬유로 되어있는 두꺼운 막으로 싸여져 있
고 그 내부에는 두 개의 음경 해면체와 한 개의 요도
해면체가 있다.

그리고 이 해면체 내부에는 수많은 정맥으로 구성되어
있어서 기본적으로 혈관을 깨끗하게 해야 한다.
전립선을 관리하면 회춘하여 오랫동안 성생활을 할 수
있어 아름다운 황혼을 즐길 수 있다.

전립선액은 정자를 신속하고 안전하게 여성의 자궁 속
으로 운반하는 역할을 한다.
만약 전립선액이 없다면 남자 평균 11cm, 대물은
15cm나 되는 긴 성기의 요도를 무사히 빠져나갈 수

가 없을 것이다.

전립선액은 정액을 이동하기 원활하게 하는 것뿐만 아니라 남성의 소변이 나오는 요도를 소독하고 세척하여 정자가 자궁에 깨끗하게 도착하게 하니 신비롭기까지 하다.
사정 시 쭈룩쭈룩 강하고 힘차게 내 뿜는 정액은 여성의 자궁 속에서 따뜻한 분수대 역할을 하여 여성이 강렬한 오르가즘을 느끼면 자궁 건강에도 도움이 된다.

따라서 전립선 기능이 제대로 못 하면 성 기능도 위축된다. 건강한 전립선으로 왕성한 성생활을 하여 팡-터트릴 때 여성은 자지러지고 남성은 천하를 다 얻은 듯 만족 해 한다.

남성이 전립선이 건강하지 못하면 탄력 잃은 물총이 되어 사정하므로 여성에게 만족을 주지 못하며 그뿐만 아니라 5초 땡 토끼가 되어 여성의 불감증에 원인을 불러오기도 한다.

그리고 사정하는 데 문제가 생겨 사정하지 않았는데도 정액이 흘러나오는 유정이 생기고 아예 사정하지 못하여 발사가 안 되면 조루중이 된다.

전립선 질환의 위험

전립선 질환으로 고통받는 남성이 늘고 있다.

대한비뇨기과학재단이 국민건강보험공단 건강통계보험 및 건강보험심사평가원 자료를 토대로 '전립선비대증 진료 인원 증가 추이 및 수술적 치료 현황'을 조사한 결과 '최근 5년간 전립선비대증 환자는 32% 증가한 것으로 나타났다.'
전립선비대증 수술을 받은 환자 10명 중 8명 정도 60~70대로 집계됐다.

전립선비대증은 중년 남성에게 흔히 나타나는 질환이다. 또한, 같은 증상으로 드물게 전립선암이 발견되기도 한다.

전립선암의 원인은 아직 명확하게 밝혀지지 않았으나 나이와 남성호르몬이 유발인자로서 관련이 있는 것으로 여겨지고 있다. '100세 시대가 되면서 전립선비대증 환자는 엄청나게 증가'하고 있으며 '전립선암 환자' 역시 가파르게 증가하고 있는 현실이다.

치료의 시기를 놓쳐 전립선염으로 진화되어 심하면 전

립선암의 깊은 수렁에 빠져 남성의 물건을 사용하지 못하는 비참한 중·노년에 이른다.

20세기에 흔하지 않았던 성인병이 21세기에는 당뇨 6명 중 1명이고, 고혈압은 5명 중 1명이며, 전립선 문제는 2명 중 1명으로 가장 흔하다.
그래서 남자만 겪게 되는 '천형의 벌'이라는 '전립선암'은 의외로 아주 많다.

양음의 조화 운동

우주만물은 +, - 양성의 조화로 창성된 존재계이다.
식물에는 암술, 수술이 있고, 동물에도 암놈, 숫놈이 있다.
생명의 탄생은 양성의 교배로 수정란이 되어 드디어 아름답고 황홀한 삶이 시작되는 것이다.

식물은 수정, 동물은 교배라는 수단으로, 인간은 Sex라는 수단을 통해 종족을 번식한다. 식물, 동물의 교배와 인간의 Sex는 엄청난 차이가 있다.
식물, 동물의 성은 이기적이지만 인간의 성은 이기적이면서 이타적이다. 남자는 상대방에게 기쁨을 주고 만족을 줄 때 행복을 느낀다.
인간의 Sex는 나뿐만 아니라 상대방을 기쁘게 하는 사랑이다. 상대방은 배려하지 않고 자기의 만족만 채우고 내려오는 남자는 여자에게 사랑받을 자격이 없는 것이다. 그런 행위는 동물의 교배와 다름이 없다.

섹스가 건강에 그렇게 좋다고 의사들이 한결같이 입을 모아 경탄의 말을 한다. 섹스는 단순히 종족 번식의 기능 이외에 남성의 정액이 여성 난소의 암세포를 죽이는 효과도 있다.

섹스는 정년퇴직이 없으며 관 앞에서까지도 여자 생각이 날 만큼 본능적인 현상이다.

그런데 늙어서 망측스럽다고 체념하는 것은 실수하는 것으로 인생에서 섹스를 빼면 그건 살아도 사는 것이 아니라 걸어 다니는 시체에 불과하다.

섹스는 좋은 운동이 되어 심폐기능을 향상시키며 다이어트에도 도움이 된다. 혈관이 팽창하여 혈액순환을 좋게 하는 것은 물론 신진대사를 촉진하므로 몸속 노폐물 제거에 큰 도움이 된다.

심지어 콜레스테롤 수치를 낮추며 고밀도 수치를 높이는 효과까지 있다.

한 번의 오르가즘으로 황홀경에 빠질 때 소비되는 칼로리양은 200m를 전력 질주했을 때 소비되는 칼로리양과 같다. 따라서 한 번 섹스에 200 이상의 칼로리가 소모되며 섹스를 상상만 하는 것으로도 칼로리가 소모된다.

섹스는 몸 구석구석 근육의 긴장을 풀어 휴식 상태로 돌아가게 해주는데 이는 마사지 효과와 비슷하다.
섹스는 뇌 속에서 엔돌핀 분비를 촉진해서 두통, 요통, 근육통, 생리통, 치통에 이르기까지 여러 가지 통증을 감소시키거나 없애준다.
실제로 편두통에 걸린 사람의 절반은 성행위 중 통증이 훨씬 줄었다는 사람도 있다.

성행위는 면역력도 강화되어 독감에 잘 걸리지 않도록 우리의 몸을 방어한다. 여성의 골반 내로 흡수되는 남성의 정액은 여성의 면역력을 증강 시킨다.

순환기질환 예방으로 일주일에 한 번 이상 섹스할 경우 심근경색, 뇌졸중 발생률이 50% 이하로 줄어든다.

섹스는 아파트 계단을 걸어 올라갈 때와 같은 압박이 심장에 가해지기 때문에 이로 인해 심장 마비가 발생할 확률(복상사) 1% 정도에 불과하다.

정기적인 성생활은 피부가 좋아져 사랑하면 예뻐진다는 말이 있다. 그러므로 남자는 12년 여자는 10년 더 젊어지고 건강하게 산다.
10년, 20년 젊게 보이는 동안인 사람들에게 비결을 물으면 주저없이 사랑이라고 답을 하는 것으로 보아 섹스는 노화 방지에 큰 도움이 된다는 것을 알 수 있다.

뇌를 자극해 노화와 치매 예방을 하며 스트레스도 완화 시킨다. 여성의 경우에는 보약을 먹은 효과처럼 뼈가 단단해져 골다공증을 예방할 수가 있으며 자궁질환도 예방하는데 효과가 있다.

이만큼 정기적인 섹스를 하면 자궁이 건강해지나 폐경 후 섹스를 하지 않으면 질 내부 조직과 근육이 약화되어 세균 감염에도 취약해진다.

남성의 경우에는 나이가 들수록 소변에 불편을 느끼는

전립선 비대를 피할 수 있어 전립선암도 예방되는데 한 번 사정 시 고환에서 1억 마리 정자가 배출되면서 전립선 염증을 완화하기 때문이다.

따뜻한 사랑을 주고받는다는 진한 감정에 자긍심을 높여주며 우울증, 무기력, 의욕저하에 효과가 크다. 이외에도 황홀감과 행복감을 만끽하게 된다.
섹스는 음양의 이치로 만약에 세계인구가 음양의 이치를 저버렸다면 지구는 멸망하였을 것이다.

인간으로 태어난 이상 천민인 노예나 종놈부터 임금님까지 섹스만큼은 누구나 똑같이 누리는 권리이다.

전립선염의 원인

전립선염의 원인은 먼저 세균의 감염으로 인한 경우와 비세균성으로 인한 경우가 있다. '세균성 감염'의 원인은 대체로 대장균을 비롯해 임균, 녹농균, 포도상 구균, 및 연쇄상구균등이며, '비세균성'인 경우는 정확한 원인을 모르는 경우가 많다.

요도염으로 인해 요도를 통해 직접 감염이 되거나 소변이 전립선으로 역류해 염증이 유발되기도 하며 종기, 편도선염, 충치, 골수염과 같이 염증이 혈관을 통해서 전염되기도 한다.

때로는 치질이나 대장염과 같은 염증이 원인이 되기도 하는데, 전립선비대증이나 당뇨병이 있는 사람에게도 잘 생기며, 또는 스트레스에 의해 발생하기도 한다.

대부분 나이가 중년을 넘어서면 찾아오는 단순한 배뇨장애를 대수롭지 않게 생각하고, 치료 시기를 놓치고 방치하다가 증세가 악화되어 위험천만한 결과에 직면하게 된다.

오줌발이 약해지고 잠자리에 잦은 화장실을 출입하는 현상이 나타나면 주저하지 말고 전립선 관리에 들어가야 한다.

전립선 질환은 조기에 치료하면 완치할 수 있지만 시기를 놓쳐 악화되면 오줌이 안 나와 수술까지 해야 하는 상황을 맞게 되며 방광과 신장기능이 손상되고 심하면 요독증 같은 치명적인 합병증까지 불러와 삶이 우울한 상황에 이르게 된다.

전립선 질환을 확인하자

전립선비대증으로 인한 배뇨증상을 통틀어 하부요로 증상이라고 한다.

◎ 빈뇨 - 소변이 자주 마려운 증상
◎ 지연뇨·요주저 - 뜸을 들여야 소변이 나오는 증상
◎ 복압 배뇨 - 아랫배에 힘을 주어야 소변이 가능한 증상 전립선이 비대해지면 정력에도 이상이 온다.
◎ 세뇨·야뇨 - 소변 줄기가 가는 증상
◎ 단추뇨 - 소변이 중간에 끊기는 증상
◎ 잔뇨감 - 소변을 봐도 개운치 않고 또 보고 싶은 증상
◎ 배뇨 후 요점 적 - 소변을 다 보고 난 후 방울 방울 떨어지는 증상
◎ 요절박 - 소변이 마려우면 참지 못하는 증상
◎ 절박성 요실금 - 소변을 참지 못해 옷에 누는 증상
◎ 야간빈뇨 - 자다가 일어나 소변을 보는 증상

이중 한 가지라도 해당이 된다면 이미 전립선 질환이 시작되었기 때문에 방치 했다간 삶이 우울해진다. 전립선 질환을 방치하다가 심해지면 소변이나 정액에

피가 섞여 나올 수도 있으며 특히 암이 골반뼈, 척추뼈에 전이되면 심한 골 통증이 유발되고 심하면 하반신 마비까지 일어날 수 있다.

4) 전립선의 '질환'과 '관리'

전문의들에 따르면 일반인들에게 하루 5,000개 이상의 암세포가 생겨나지만 대부분 암에 걸리지 않는 이유는 바로 면역력이 신체를 보호하기 때문이다. 그러나 저체온으로 인해 면역력이 저하되면 일반적인 질환들 뿐 아니라 암에 걸릴 가능성도 높아진다.
따라서 최근에는 저체온 개선에 대한 관심이 증가하고 있으며 전통적인 기존 암 치료들과 더불어 저체온 상태를 개선시키는 '전신온열요법이 암 환자들과 전립선 환자 사이에서 각광받고 있다.'

의사가 권유하는 온열요법

온열요법은 시판되는 의료기기를 통해 가정에서도 손쉽게 자가 치료에 도움이 되기 때문이다.

'전립선 온열요법'은 고온 48도~저온 43도에서 회음부와 생식기에 열을 가하여 체온을 높여 '모세혈관을 확장'해 혈액순환을 돕고 저항력을 키우게 하면 면역력을 높여 전립선 치유에 도움이 되고 예방이 된다.

'면역력'이라 말하면 많은 사람들에게는 막연하게 들릴지 모르나, 눈에 보이는 형태로 가르쳐 주는 것이 있다. 그것이 바로 '체온'이다. 체온을 올림으로써 면역력이 높아지는 것에 착안한 전립선비대증, 암 등 치료법의 연구도 시작되어 많은 논문이 그 효능을 입증하고 있다.
체온을 올리는 방법으로는 반신욕, 족욕, 바른자세로 생활하기, 따뜻하게 옷 입기, 운동하기, 따뜻한 물 마시기, 쑥뜸 뜨기 등의 방법이 있다.

온열의 응용은 국소 또는 전신의 혈액증가를 촉진하고 신진대사가 활발해져 근 긴장의 완화, 진통작용 등이 있다. 열원으로는 온욕, 광선, 전기 등이 주로 이용된다.

전립선 이상, 정력 감퇴, 발기부전과 같은 남성 질환 대부분도 근본 원인은 몸속의 냉기다. '좌욕'으로 그 효과를 실감할 수 있다. 의료계에서도 배뇨장애를 만드는 전립선비대증의 경우, 병원 치료와 함께 집에서

자가 치료인 좌욕을 권장하고 있습니다.

배뇨장애는 여름보다 겨울이 온도 때문에 증가한다. 의료업계에서는 전립선염이나 비대증의 경우 병원 치료와 함께 집에서 자가 치료 '좌욕(온열요법)'을 권장한다.

전립선에 좋은 음식

전립선에 좋은음식에 관해서는 많은 연구가 진행되었고 그중 대표적인 것이 전립선암을 예방하는 음식이다.
전립선을 건강하게 하여 전립선암을 예방하는 '대표적인 음식은 토마토이다.' 토마토는 여러 연구 때문에 그 효능이 입증된 음식이므로 토마토를 많이 섭취하면 전립선 질환 개선에 도움이 된다.

또한 콩으로 만든 음식, 예를 들면 된장, 두부, 청국장 등도 전립선에 좋은 음식이고, 호박, 녹차, 석류, 마늘, 적포도주, 신선한 채소와 과일도 전립선에 좋은 음식이다.

전립선에 좋지 않은 음식은 기름기 있거나 탄 음식이

므로 동물성 고지방식은 피하는 것이 좋다.
남자의 관리

사랑은 남녀의 장수비결이라는 것이 의학계에서도 밝혀진 사실이다. 정액은 적당한 기간에 배출하지 않으면 사라지며 또 다시 싱싱하게 생겨난다.

그것은 생식본능으로 나이가 들어서도 아이를 가질 수 있게 한 신의 섭리다.

반대로 자주 퍼내면 샘물이 고갈되어 건강이 나빠지므로 수명도 짧아진다. 즉, 과유불급으로 과하면 모자람만 못하여 적당하여야 백세까지 사랑할 수 있다.

우리의 인체 중에 가장 민감한 부분이므로 쓰면 쓸수록 발달하는 용불용설인 장기가 페니스와 자궁 생식기이다.
그래서 노년에 솔로가 되면 10년 이상 수명이 단축된다는 연구 결과가 있다.
독신자가 되었을 때는 재혼하거나 이성 친구가 있는 것이 육체적 정신적으로 크게 영향을 받는다.

노년에 혼자 살면 생활이 불규칙해진다.

식사도 아무렇게나 하고 부실하게 먹게 되어 영양이 부족해진다.

그 뿐만이 아니다.
혼자서 쓸쓸하게 지내므로 외로움과 고독이 몰려와 인생의 회의감을 느끼게 된다.

그러나 재혼을 하거나 이성 친구가 있다면 의욕이 솟아나고 남여 사랑을 통해 삶이 적극적으로 변화한다.

적당히 절제하며 즐기는 사랑은 건강과 장수를 위한 비결이라는 것을 아무리 강조하여도 지나침이 없다.
시집간 새색시가 얼굴이 더 예뻐 보이고 몸매가 더 요염해지는 것은 사랑에 만족해 행복해서이며 새신랑이 콧노래를 흥얼거리며 활기차고 의욕적으로 변하는 것도 절정을 만끽한 행복감 때문이다.

젊은 청춘은 자연적으로 기와 혈이 잘 소통하여 신혼생활이 장밋빛으로 물들지만 20~30년이 지나 50대부터는 예전 같지 않아 저녁에 해지는 것이 무서워진다.

이때부터라도 미세파동 마사지를 회음부와 자궁에 자극해 주어야 생식기 세포가 활성화하게 된다.

선진국에서는 오래전부터 미세하고 민감한 세포와 미세혈관이 집중되어있는 아주 중요한 은밀한 부위에 자극하는 진동 마사지를 해왔다.
부드럽게 미세파동으로 마사지해 주어야 자연발기에 효과가 있다.
이런 원리는 훨씬 오래전부터 병원에서도 발기치료에 응용해 왔다.

- 이상운 의학정보지에서 발췌 -

회음부에 미세파동 마사지를 하면 회음부에 파동이 전달되면서 고환에까지 영향이 미친다.
고환은 덜렁거리고 매달려 있는 거추장스러운 장기가 아니다. 남성 호르몬을 분비하고 정자를 생성하여 정력이 결정되는 기관이다. 또한 여성의 회음부 음순을 탁탁 쳐주는 섹스의 심볼이기도 하다.

고환에 미세파동이 가해지면 호르몬이 많이 분비하여 성욕도 강해지는데 고환이 약하면 정력도 약해지며 가끔은 고환암이 되어 불행해진다.

건강한 고환은 늘 성 충동을 느껴 여자와 같이하고 싶

게 만들어 남성을 더욱 강한 남성으로 만든다.
고환은 무게가 20g인 것이 정상인데 작아지거나 딱딱하게 뭉쳐있지 않고 말랑말랑한 메추리 알만 하다면 고환에 문제가 생긴 것이다.

고환에서 사정한 호르몬은 약한 달걀 냄새가 난다. 우윳빛에 맑지 않고 약간 끈적임이 있는 것이 건강한 정액이다.

이렇게 회음부에 미세파동은 음낭 건강에도 효과적이므로 도움을 준다. 남녀의 관계란 마음의 접촉에서부터 새싹처럼 움트기 시작한다.
그중에서도 여자는 자신에게 시선이 집중되어 자신만을 공주처럼 최고로 여기는 기분을 맛보길 원한다.

그래서 여성에게 '예쁘다', '아름답다', '섹시하다'란 칭찬을 해 주어야 한다. 여성은 자기를 칭찬해 주는 남성에게 관심을 보이게 마련이므로 결국 사랑으로 승화한다.

칭찬해도 늘 같은 말보다는 피부가 고우시다, 헤어 스타일이 어울린다, 옷이 세련됐다 등 변화를 주어 새로운 칭찬을 하여야 여성이 더 감동한다.

칭찬받은 여성은 최고의 기분을 맛보게 되어 자신의 아름다움을 갈고 닦으며 미모를 가꾸려고 다한다.

꽃 같은 여성의 몸이 활짝 피느냐 아니면 아름다운 꽃잎을 피워 보지도 못하고 시들게 만드느냐는 오로지 어떤 남성을 만나느냐에 달려 있다.

생활 습관

백세 이상 장수하는 장수촌에는 공통점이 있다. 제시간에 일찍 자고 일찍 일어나며 부지런하여 늘 무엇인가 일을 한다. 소식으로 나누어 다섯 끼를 먹고 발끈하여 화를 안 내며 온순하고 너그럽다.

사나운 사자는 12년 밖에 못 살지만, 거북은 마음이 느긋하여 200년을 사는 데서 얻게 되는 교훈이다.

나쁘다는 것은 절대로 하지 않고 건강에 좋다는 것은 아끼지 않고 자기를 위하여 투자한다. 늘 독서하며 배우고 도전하여 나이를 잊고 산다.

하는 일이 없어 어렵게 살고 비전이 안 보이는 사람을 인생에 실패한 사람이라 한다. 그들은 보편적으로 생활 습관이 불규칙하고 게을러서 자신을 가꾸지 않고 아무렇게나 무질서하게 살아가기 때문이다.

남을 무시하며 남의 말을 듣지 않는다. 자신만이 제일인 것으로 착각하며, 안되는 것은 운이 없다고만 생각한다.
약속 시간을 잘 안 지키며 주변이 산만하고 철저하지 못하다. 생각이 짧고 성격이 모가 나 주변에 사람이 없어 독신으로 홀로 지내는 경우가 많다. 약으로도 못 고치고 죽어서야 고쳐진다고 한다.

습관과 성격은 고치기가 힘들어도 건강은 새로 태어날 수 있다. 일병장수란 말과 같이 한 가지 병이 있으면 좀 더 조심하고 건강에 관하여 관심을 기울이기 때문에 병 없는 사람보다 더 건강해지고 오래 산다.
요즘은 아프다고 하면 그것이 생활습관병이라고 한다. 머리는 빌릴 수 있어도 건강은 빌릴 수 없으므로 건강은 제아무리 강조하여도 지나침이 없다.
제아무리 억만장자나 세상을 손아귀 안에 쥐고 있는 권력도, 돈을 잃는 것은 조금 잃는 것이며, 명예를 잃는 것은 많이 잃는 것이고, 건강을 잃으면 모두 다 잃는 것이다.

인생은 단 한 번뿐이기 때문에 개똥밭에 굴러도 이승이 낫다. 전립선이 건강하려면 소변을 참지 말고 충분한 수면과 규칙적인 생활 습관이 중요하다.

술 담배는 멀리해야 하며 커피 대신 물을 많이 마시는 것이 좋고, 육식보다 신선한 과일이나 생선이 좋다.
매일 걷는 운동을 하며 자전거, 승마, 회음부에 압박을 주는 것은 피하는 것이 좋다.
꽉 끼는 팬티나 청바지를 입지 말고 바지 속에 핸드폰을 넣고 다니지 말아야 하며 의자에 오래 앉는 것이나 찬 곳에 앉는 것은 나쁘다.
건강해진 전립선은 전립선 약이나 수술을 하기 이전에 예방 효과가 있으며 발기력이 왕성해져 정기적으로 성생활을 할 수 있게 되어 전립선 건강과 함께 일거양득의 효과를 가져온다.
60대만 되어도 나이가 많아 쉬어야 한다면서 아무것도 하지 않으려 하는데 그런 사람일수록 노화는 급속도로 진행된다. 이런 노인은 꼰대 소리를 들어도 벽창호 같아 싱긋도 하지 않는다.

 자기 생각이 다 옳다고만 생각하여 통하지 않는 게 답답한 벽창호다.
자신이 하는 일에 성취감을 느끼면 젊어진다. '이 니

이에 뭘 해' 하며 부정적인 벽창호는 일찍 늙는다.
그러므로 사람은 마음먹기에 달려 있어서 노화도 자기
하기에 달려있다.

5) '온열요법'의 견해

- 미국 국립암센터 -
"44℃까지의 고온 온열요법은 암세포를 죽이고 암세
포 내부의 단백질 및 구조를 손상시켜 종양을 축소할
수 있다."

- 아베히루유끼원장(구단클리닉, 교린대학교 교수)
"정상적인 혈관은 혈관이 확장되어 열을 발산시킴으로
써 열을 가해도 43도까지는 상승하지 않는다."
하지만 암세포의 경우에는 자신의 혈관이 있지만, 신
생 혈관은 확장되지 않기 때문에 열을 발산할 수 없어
종양 안에 열을 가득 차게 되고(암세포) 생식 능력을
잃게 된다.

적극적으로 따뜻하게 만들면 면역력은 향상되고 실제
로는 백혈구의 과립구가 증가될 뿐만 아니라 내추럴
킬러 세포도 증가한다. '체온이 떨어지면 면역력만 떨
어지는 것이 아니라 신체대사도 저하된다.'

- KBS 생로병사의 비밀 -

'열(熱)이 몸을 살린다' - 체온 면역 〈SBS 스페셜〉 '마법 1도 당신의 체온 이야기' 등에 출연해 국내 체온 면역력 열풍을 일으킨 세계적인 면역학자 아보도오루교수는 체온을 올림으로써 면역력이 높아지는 것이라고 했다.

'체온이 1도 높아지면 면역력이 70% 증가'

체온을 올림으로써 면역력이 높아지는 것에 착안한 전립선비대증, 암 등 치료법의 연구도 시작되어 많은 논문이 그 효능을 입증하고 있다.

- 김명세 교수(영남대학교병원 방사선종양학과) -

환자가 가장 안전하면서 편안한 상태에서 완쾌할 수 있다면 그것이 가장 좋은 치료법이다. 그런 관점에서 "온열치료보다 더 좋은 치료 방법은 없다고 생각한다."

온열치료를 보면 '암' 세포를 완전히 죽이는 것이 아

니라 '암' 세포의 생식 능력을 없애서 세포가 생식하지 못하도록 하는 것이다.

온열치료를 통해 혈류량이 늘어나면 기존 방사선과 항암치료의 치료 효과도 더 높아진다.

6) 비져케어의 '메카니즘'

전원 버튼
ON/OFF

마사지 버튼
전립부와 회음부에 진동이 시작되며, 파란색은 강한 진동, 초록색은 약한 진동을 표시합니다.

케겔운동 버튼
케겔 운동을 시켜주는 주기적인 진동을 반복합니다. 파란색은 짧은 주기로 진동을 반복하며, 초록색은 긴 주기로 진동을 반복합니다.

전립회음 온열 버튼
A와 B가 작동됩니다. 빨간색은 고온이며, 초록색 점등은 저온입니다. 고온과 저온을 반복하여 사용하면 더욱 효과적입니다.

항문온열 버튼
B만 작동되며, 빨간색은 고온을 의미하고, 초록색이 점등되면 저온을 의미합니다.

전립회음 적외선 (전립회음 온열)
항문 적외선 (항문온열)

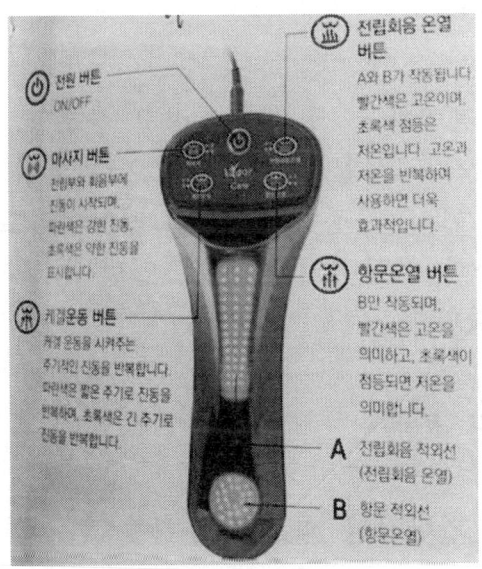

7) '조루'가 남자를 '기죽인다'

남자 기(氣) 죽이는 조루

자세 좋고! 분위기 완벽하고!
이제 기분 좋은 즐거운 게임을 향한 항해의 닻을 올리고, 엉덩이를 움직이는 순간 사정해 버린다. 당사자인 남성은 망연자실하지 않을 수 없으며, 여성은 실망의 극치일 것이다.
남자에게는 '기죽이는 일'이고 성적인 두려움을 갖게 하는 원흉이다. 이런 남자에게 어느 여자가 앵콜송을 부를 것인가?

이것을 의학용어로는 '조루중'이라고 부른다.
'킨 제이' 박사도 동물들은 일반적으로 빨리 사정하므로, 사람도 빨리 사정하는 것이 정상이라고 했지만, 사람은 감정의 동물이기 때문에 일반 동물과 비교할 수 없다고 한다.

조루의 시간 분석

질 삽입 후 일반적인 피스톤 운동을 한 후 사정까지

걸린 시간을 기준으로 다음과 같이 분류한다.
5분 이하 : 일반적인 조루
3분 이하 : 중증도 조루
1분 이하 : 극심한 조루
남성은 성관계 시간을 더 연장하려고 노력하나 사정이 조절되지 않아 못하고, 여성 역시 성적 만족을 얻지 못한 채 성관계가 종료되는 경우가 50% 이상인 경우를 조루라고 정의하기도 한다.

특히 섬세한 여성의 감정적인 입장은 어떠할까?

오랜 시간 운우의 정을 즐기고 싶은데 흥분만 시켜 놓고... 시작 하자마자 문 앞(?)에 끈적거리는 정액만 쏟아 놓는다면 어느 누가 좋아하겠는가? 속상한 마음 같아서는 따귀라도 한 대 올려 붙이고 싶지 않겠는가?

많은 식품과 약물들이 대규모로 실험되어서 '비아그라' 같은 약품이 개발되기도 했다. 요즘에는 관련 특허가 끝나서 여러 제약회사에서 저렴하게 생산되어 판매되고 있다고 한다.

그러나, 약품의 설명서를 보면 알 수 없는 전문 용어로 빼곡히 적힌 내용에는 약품의 부작용들을 소심하라는 내용이 적혀있다. 문제가 많다는 증명이 아닌가?

정력에 좋다는 식품이다 뭐다 하는 고가의 건강식품들도 그 효과를 장담할 수 있는 것이 없으며, 부작용 등이 걱정스러운 상황이다.

그러면 부작용 문제없이 근원적으로 좋아지는 방법은 없는 것인가?
조루에 파동요법, 온열요법이 도움된다

회음이라는 경혈은 인체에서 백회와 함께 2대 중심 혈로 항문과 성기의 중간에 있는 혈로서 정기(精氣)의 급소이다.

그래서 예로부터 '고목 나무에 꽃 피게 한다.'는 중요 혈로서 일자상전의 비법(一子相傳의 秘法)으로 전해져 온 중요한 곳이다.

회음부를 중심으로 주요 성 기능의 모든 기관이 모여 있는 것을 보게 되는데, 그만큼 직접적으로 회음부의 음경고환, 전립선, 방광에 관련이 있는 중요한 곳이다. 파동과 온열로 혈액순환을 극대화 시키고 새로운 모세혈관을 살려서, 영양과 산소를 공급하여 세포가 새롭게 살아나면서 죽어 가던 기능들이 살아나게 되어, 음경의 굵기도 굵어지고 탱탱해지면서 자연스럽게 조루 증상이 호전되는 것이다.

그래서 예로부터 '일자상전의 비법(一子相傳의 秘法)'으로 알려져 중요한 혈이다.

8) 성기능 마사지,'파동' 효과

파동 요법은 우리 인체의 모든 기관이 미세한 진동으로 활성화되고 있어서 잘못된 기관은 미세파동으로 정상화시키는 방법이라고 할 수 있다.
회음부는 항문과 성기 사이 부분으로 인간의 인체에서 가장 중요한 '혈자리 맥(脈)이 시작되는 곳'이다. 이렇듯 중요한 회음부는 정력에도 상당한 영향을 주는 부위라 회음부를 미세파동으로 마사지 하게될 경우 성선이 자극되어 호르몬이 더욱 원활하게 자극되어 '정력 강화에 큰 효과'가 있다.
[출　처] 진짜 정력에 도움 된다! 남자회음부마사지
[작성자] 조셉고든 회음부를 자극한다

이곳은 에너지의 중심이기에 이곳에 좌훈을 쏘여주고 뜸을 해주면 여성의 자궁질환 종류와 남성의 전립선비

대중에 도움이 되어 많은 이들이 '회음부 관리를 통해 건강을 관리하고 있다.'
전립선 미세진동요법은 미세하게 흔들어주는 진동을 통해 회음부와 고환의 세포조직을 활성화해 주면 혈관이 깨끗해지고 고무줄 같은 탄력이 살아나며 세포 활동을 왕성하게 하는 요법이다.

모세 혈관이 밀집되어 있고, 혈맥이 시작하는 곳에, 비져케어는 집중할 곳에 집중한다.

모세혈관이 밀집되어 있는 전립부·회음부·항문에 생체공학적으로 rpm(3,000~5,000)
온열 미세파동 마사지 효과

9) '파동의학'이란?

인체의 파동부위별 발생표

인체가 파동으로 이루어져 있다는 사실이 발견된 것은 오래전이다. 1944년에 로라체르라는 사람이 인체의 미세 진동파를 발견했다.

인체에 부위별로 다른 파동을 형성하고 있으며, 각 부위별 파동 순으로 파동 현황이 다르다.

인체에 진동(파장) 주파수는 대략 5~18Hz 파장을 가지고 있다고 알려져 있으며, 파동이 몸에 맞지 아니하여 발생되는 증상으로 차를 타거나 배를 탈 때 멀미하는 것을 알 수 있다.

두통을 심하게 하는 멀미는 머리 부위 고유 파장과 차나 배에서 떨리고 흔들리는 파동이 맞지 않아서 이루어지는 현상이다.
가슴이 불편하며, 토하는 멀미는 가슴(위)부위 고유 파동과 배나 차에서 흔들리는 파동과 맞지 않기 때문에 발생한다고 한다. 고강도의 진동이 인체에 장시간 노출되면 멀미 피로 두통을 야기할 수 있다.
인체에는 각부위 별로 고유 파장을 가지고 있어 생리학적으로 영향이 상이하게 나타나기 때문에 부위별에 맞는 파장이 중요하다. 부위에 맞는 파장으로 자극을 해주면 좋은 결과를 얻을 수 있다고 한다.

적절한 시간으로 미세파동 마사지를 해주면 근력 신경계 혈액순환, 뼈의 골밀도 변화 등 인체에 긍정적인 효과가 나타나는 것으로 보고된다. 이러한 파동에 의하여 혈액은 순환되고 신진대사가 이루어지는 것이다. '파동의학'의 선진국인 독일과 일본 등에서는 오래전부터 파동의학이라는 분야를 개척하고 많은 연구를 해오고 있으며 질병치료에 응용하고 있다. 인체가 에너지 파동으로 이루어진 것을 활용하여 진단하고 치료하는 것을 의미한다.

인체의 파동을 이용한 치료는 대체의학으로 이전부터 많은 관심을 받아 왔고, 이미 현대의학에서도 많은 부분 이용되고 있다. 예를 들어 심전도 검사도 심장에서 나온 '파장에너지'를 통해 심장의 기능을 판단하고 한의학의 침술이나 맥 또한 파장으로 진단하여 침술로 그 에너지 흐름을 유연하게 하는 치료인 것이다.

인간은 '에너지'와 '파장'으로 이루어져 있다

이렇듯 인간은 보이지 않는 에너지와 파장으로 이루어져 있고 이것을 잘 컨트롤함에 따라 건강도 유지할 수 있다.
인체에 있는 12경락과 기경8맥을 미세파동을 통해 실현하고 있다.
혈관이 굳으면 동맥경화가 되는데, 뇌에서 경색이 일

어나면 뇌경색이나 뇌출혈이 되어 즉사나 병신이 되기도 하고, 생식기에 발생하면 고자가 된다.

모세혈관은 세포에 영양과 산소를 공급하고 노폐물을 운반해 온다. 그런데 모세혈관에 찌꺼기가 막혀서 죽으면 어떻게 되겠는가? 혈관은 늙어가지 않겠는가?

그래서 파동과 온열을 강조하는 것이다.
미세파동 온열을 하면 항문, 회음 부분의 주요 장기들이 혈액순환이 좋아지고 새로워지면서 세포와 혈관을 건강하게 해 준다.

진동이 멈추면 세포가 죽는다
진동은 물질과 현상의 근원이다. 진동은 모든 에너지의 근원이다.
세포 하나하나는 1초간 약 수억 번을 움직이고 그 순간순간 다른 세포는 서로의 움직임을 알고 있다. 세포는 미세한 진동을 하며 운동하고 있다.

물질의 기본 단위를 원자라고 하는데 원자핵은 양자로 구성되어 있고 양자의 주변을 전자가 공전할 때 에너지가 방출되는 것이다.

전자가 양자의 주변을 공전하는 것은 양자가 미세하지만 강력하게 진동하고 있기 때문이다.
이것이 양자의 자율진동이고 빛과 소리를 비롯하여 모든 에너지는 파동(파장)이며 진동이다. '이 파동이 동양의학에서는 기(氣)로 표현하고 있는 것이다.'

'음양오행'의 원리대로 '미세파동 마사지'를 통해서 기혈을 잘 소통시켜 주면 인체 내의 탁한 기가 호흡이나 배설물로 빠져나가 아주 빨리 '각종 장기와 세포가 정화 해독'된다.
이때 신경과 호르몬 조화로 다시 인체의 항상성을 유지 시켜 원활한 기운이 안과 밖으로 이루어지면 '모든 질병 문제의 치유'가 가능할 수 있도록 각종 세포를 새롭게 바꾸어 주며 "글로뮈 효과"까지 이루어진다.

10) 미세파동에 의한 '글로뮈 효과'

글로뮈의 발견
글로뮈는 1707년 프랑스의 해부학자 레알리 레알리스에 의해 동물생식기의 동정맥문합부에서 처음 발견됐는데 현대의학에서는 '혈액순환의 원동력은 심장의 펌프작용에 있다'고 보는 반면, 자연의학에서는 '모세혈관과 글로뮈, 심장의 협동작업에 의해 혈액순환이 이

뤄진다'고 보기 때문에 글로뮈를 중요시하고 있다.

글로뮈란?

"미세파동(진동파)에 의한 파동과 글로뮈 효과에 의하여 파장효과가 나타난다. 모세혈관이 파동(진동)을 받으면, 루우제씨 세포의 수축으로 닫히게 되어 혈액은 바이패스 통로인 글로뮈를 통과하게 된다."

"글로뮈 효과'로 혈액순환을 높이기 위해서는 루제씨 세포를 별세(진동)할 정도의 미세파동이 효과적이고 부작용도 없다."

　참고문헌 : 난치병 다스리는 진동요법 - 박종욱 저

글로뮈는 모세혈관이 수축할 때 세동맥의 피가 모세혈관을 거치지 않고 바로 세정맥으로 흘러갈 수 있도록 하는 미세한 우회혈관으로 모세혈관마다 1개씩 붙어있다. 마치 철도에서의 전철로나 하천공학에서의 방수로와 같은 옆길인 것이다.

혈액 순환 장애가 만병의 근원임을 알고 있다.
혈액 순환만 잘되면 만병이 사라진다는 뜻인데 모세혈

관과 글로뮈를 잘 활용한 미세파동은 간편하고 쉽게 효과적으로 혈액 순환을 관리하는 방법 중 하나이다.

글로뮈의 활용 효과

글로뮈 효과를 얻기위한 자연의학계에서 많이 사용하는 운동법 중에 간단한 자세를 하나 소개하면, 일단 뒤로 벌러덩 누워 팔과 다리를 위로 쭈욱 편다.
이 자세에서 손발을 떨어주는데, 위로 뻗은 채 떨기까지 하니 운동량도 만만치 않을 뿐 아니라 정맥의 피가 쉽게 내려오므로 '혈액순환까지 아주 왕성'해진다.

자연의학계에선 이러한 모관운동(손뼉치기, 발목부딪치기)이 손발이 찬 것과 마비되는 것을 예방하는 효과는 물론, 혈압조절과 나아가 정신작용까지도 활발하게 해 준다고 한다.

일본의 니시 가츠죠(西勝造,1884-1959)라는 분이 창안한 니시건강법(西式健康法)의 모관운동도 손발을 위로 올려서 부딪치지 않게 떨게 하는데 글로뮈 효과를 얻기 위한 것이다.

출처 : 한국과학기술정보연구원, KISTI의 과학향기

11) '음양의 차이'

세상의 이치는 참으로 오묘하다.
해가 있으면 달이 있고, 불이 있으면 물이 있고, 남자가 있으면 여자가 있어 세상을 만드는 것은 음양이 함께 어우러져야 하기 때문이다.
남자들만 있는 자리에 여자 하나만 끼어도 분위기는 사뭇 달라진다. 불이 있는 자리에 물이 있어 조화로워지는 것이다.

그러므로 여자는 물에 비유되기도 한다. 물은 그릇 모양에 따라 변하게 되는데 즉 남자의 능력에 여자가 변한다는 의미이기도 하다.
여자는 능력있는 남자 앞에서는 조신해지지만, 무능한 남자 앞에서는 화냥년이 되기도 한다.
물은 유연하고 약하나 한 방울 한 방울 집중되면 바윗돌도 뚫는다. 물은 위에서 아래로 흘러 자신을 낮추지만, 물이 화가 나면 폭풍우를 일으켜 배를 뒤집는다. 물이 넘치면 강둑을 허물어트리며 집중 폭우는 재난을 일으킨다.
물은 조용하지만 화가 나면 무섭다. 그러므로 여자는 물과 같아서 한 번 화가 나서 돌아서면 돌이킬 수 없이 무섭다. 그래서 노랫말처럼 있을 때 잘해야 한다.

한 번 헤어지면 다시는 되돌릴 수 없다. 되돌린다 하더라도 또다시 되돌아간다. 마치 가랑잎에 비바람이 떨어져 바닥에 찰싹 붙어 있어 대빗자루로 쓸어도 쓸어도 떨어지지 않는 것과 같다. 물처럼 유연하고 부드럽게 살아야 다른 일이 없고 겸손해지며 적을 만들 일이 없다. 귀가 순하면 화날 일도 없는 것이다.

12) '항문질환'

대게 항문질환은 말하기 부끄럽고, 보이기 창피하기 때문에 혼자 끙끙 앓으면서 그냥 덮어 버리고 넘어가는 경우가 많다.

하지만 항문이란 부위는 신경조직이 풍부하여 우리 인체의 예민한 부위로 상징되는 '입술'에 비교될 정도이기 때문에 조그만 자극, 손상에도 통증과 출혈과 같은 증상이 쉽게 발생할 수 있다.

주변에 많은 사람이 치질 환자라고 대수롭지 않게 생각하다간 치루암으로 커져 대부분 1년 이내에 사망하므로 평상시 주의를 기울여야 한다.

과거에는 항문질환이 서구인들에게 흔한 질환으로 인

식되었으나 국내에서도 불규칙한 식생활, 배변습관, 운동부족 등의 원인으로 그 수가 급증하여 성인 4명 중 1명은 항문질환에 시달린다.
최근 건강보험통계연보에 따르면 치질이 입원 의료비용이 가장 많은 질환으로 보고될 정도로 치질을 비롯한 항문질환은 흔한 질환이 되었다.

변실금 역시도 자신도 모르는 사이에 대변이 나오거나 변이 마렵다는 느낌은 나나 참지 못하고 실수하는 증상이다. 또한 노화로 인해 항문이 느슨해져 변이 새어 나와 속옷에 묻히기도 한다.
치질을 수술하지 않은 경우에도 변실금이 생기며 당뇨나 척추 수술 후에도 생길 수 있다.

항문 불편감을 유발하는 많은 항문질환 중 비교적 흔히 접할 수 있는 대표적인 항문질환들과 검사 방법, 그리고 치료 방법에 대해 알아보자.

치핵이란?

치핵은 발생한 위치에 따라 내치핵(암치질), 외치핵(수치질), 그리고 두 가지 형태가 혼합된 복합성 치핵 등으로 구분 된다.

병적인 치핵이 발생하는 기전으로는 반복적인 배변 과정을 통하여 치핵의 혈관조직이 울혈로 인하여 늘어나고, 이들 혈관조직을 근육에 고정시켜 주는 결체조직들이 탄력성을 잃어 늘어나게 되면서 발생한다.
치핵 환자에서 출혈이 있는 경우는 배변 시 이와 같이 약해진 조직이 국소적으로 손상을 받아 발생한다.

치핵의 발생에 기여하는 인자로는 단단한 변, 화장실에서 오랜 시간 동안 무리하게 힘을 주어 배변하는 습관, 직업적 요인이나 유전적 요인도 있다고 하지만 어느 정도 관여하는 지에 대해서는 불확실하다. 그러나 치핵이 발생하는데 관여하는 가장 중요한 원인은 각 개인의 배변습관과 관련된 것으로 추정되고 있다.
혈관에 지나친 압력이 가해지면서 혈액순환이 원활하지 않고 이러한 상태가 반복되면 치핵을 유발할 수 있습니다. 또, 올바르지 않은 생활습관이나 배변습관으로 인해 치핵이 발병되기도 하는데요.

치핵의 분류

1기 : 배변 시 항문관 밖으로 출혈만 있는 경우
2기 : 배변 시 항문관 밖으로 출혈됐다가 자연스럽게 항문관 안쪽으로 다시 들어가는 경우

3기 : 배변 시 항문관 밖으로 출혈된 이후로 손으로 밀어 넣어야 들어가는 경우
4기 : 배변과 관계없이 항문관 밖으로 돌출되어 있고, 손으로 밀어 넣어도 들어가지 않는 경우

대부분 1기와 2기의 치핵은 비술적인 방법을 통해 치료를 진행하지만 3기와 4기의 경우에는 수술적인 치료가 필요한 상태라고 생각하면 된다.
때문에 치핵의 증상이 나타나면 빠른 시일 내에 치료가 적절하게 이루어져야 한다.

대장 및 항문 건강관리

1) 규칙적인 식사와 충분한 섬유소(야채, 과일)를 섭취한다.

2) 평소에 물을 충분히 자주 마시도록 한다.
(1.5L 이상)

3) 과음은 대장 점막 자극 및 식이 균형 파괴로 설사 및 변비를 일으키며 항문에 분포하고 있는 혈관의 울혈을 가중시켜 치핵 등의 증상을 악화시키므로 피한다.

4) 배변 시간은 가능한 짧게 갖도록 한다.(5분 미만이 적당하며 배변 중 신문 보기 등은 좋지 않다.)

5) 1일 1회 좌욕을 한다.

좌욕

불결해지기 쉬운 항문 및 주변부를 청결하게 유지하여 자극으로 인한 염증을 없애고 항문 기능 유지에 가장 중요한 괄약근 이완(풀림)을 유도하여 불필요한 괄약근 긴장에 의한 치핵, 치열, 기타 항문군소 병변을 방치할 수 있는 가장 좋은 방법이다.

좌욕하는 방법

1) 30~35°C 정도의 따뜻한 물을 욕조나 대야에 붓고 항문을 담근다.(단, 물에 소금, 약물 등은 첨가하지 않으며 치핵이나 치루 수술을 받은 경우에는 색깔 정도만 비칠 정도로 소독약을 첨가하여 좌욕을 시행)

2) 시간은 길수록 좋으나 1회 3분 정도로 상기 목적을 이룰 수 있다.

3) 횟수는 치료 목적시 2회 이상 좋으며, 불결하기 쉬운 배변 직후와 잠자기 전에 실시한다.

4) 좌욕 후 부드러운 타올로 항문 주위를 건조시키며, 소양증(가려움증)이 있는 경우는 드라이어로 시원한 바람을 일으켜 습기를 말림 후 준비된 연고를 바른다.
(단, 수술을 시행한 환자는 연고를 사용하지 않는다.)

5) 따뜻한 샤워기 물로 항문에 가하면서 마사지를 권장한다.

13) '여성의 요실금'원인

남성 못지않게 '여성에게도 말 못 하는 생식기 질환이 있어' 남성과 여성이 조금도 다를 바가 없다. 황혼으로 저무는 길목에서 살아갈 날은 창창한데 30~40년을 쉬쉬하며 지낼 것인가!

여자는 나이가 들어도 역시 여자이다.

꽃잎이 훨짝 벌어진 꽃잎에 나비가 날아와 앉고 꿀벌이 꽃 수술에 화분을 묻히는 것도 건강해야 만이 가능한 일이다.

 제아무리 예쁘고 여유롭게 산다고 하여도 말 못하는 요실금과 수치스러운 변실금이 있다면 얼마나 불행한 삶이 되겠는가!
아무리 가깝다고 남편이나 남자 친구에게 요실금이나 변실금이 있다고 말한다면 실수 중에 가장 큰 실수를 하는 것이다. 세상에는 친해도 할 말과 안 할 말이 있어 남자가 그 말을 듣는다면 질이 얼마나 수축력이 없어 헐렁하기에 오줌이 새나 상상하는 그날부터 당신을 멀리할 수 밖에 없게 된다.

질이 수축력이 없으면 잠자리도 자연히 피하려고 할 것이다. 여성의 요실금은 잦은 성교와 출산 그리고 노화와 당뇨에 의한 합병증이 원인이다.

신경 손상으로 인한 요도 '괄약근의 기능 저하와 골반부 수술이나 말초신경계 질환, 방광 급만성, 요로감염, 오랜 성병 방치로 인하여 요실금'이 생길 수도 있다.
여성의 요실금은 질이 늘어나 수축력이 약화되었기 때문에 뛰거나 웃거나 기침이나 재채기 시에 또 무거운 물건을 들려고 힘을 주면 '자신도 모르게 소변이 새어 나와 속옷을 적시게 된다.'

여성의 생식기는 오줌이 새기 쉽게 되어 있는 장기로 요도의 길이가 남성의 것보다 훨씬 짧다.
질은 자궁 뒤에 있으며 방광의 위치가 기울기 쉽고 나이가 들수록 '골반 주위의 근육이 약해져 방광에 소변을 저장하는 힘이 떨어진다.'
여성들만 요실금이 있는 것으로 알았는데, 남성들도 전립선암 수술 후 겪는 부작용으로 인해 수시로 소변이 울컥울컥 새어 나와 참담함을 느낀다.

요실금의 분류

1) 복압성 요실금(긴장성 요실금)

요도지지근육 약화와 '출산, 폐경, 비만' 등으로 생기는 일반적인 요실금을 말합니다. 이 두가지 힘은 사람의 의지로 조절이 가능하다. 그러나 복압성 요실금은 '뛰거나 웃거나 무거운 짐을 갑자기 들 때' 발생하는 갑작스런 복압이 방광을 누르게 되면서 생기는 현상을 말한다.

① 기침, 재채기, 웃기, 줄넘기, 운동, 무거운 것을 들 때 소변이 샌다. 걷거나 뛸 때도 소변이 샌다.
② 부부관계시 소변이 샌다.

③ 하루에 속옷을 자주 갈아입는다.
2) 절박성 요실금

소변이 마려우면 참기 어렵고 화장실에 도착 전에 소변을 지리는 상태를 말한다. 이 절박성 요실금은 방광이 지나치게 민감하는 과민성방광 증후군으로 볼 수 있다.

스트레스나 출산 등으로도 생기며, 간혹은 당뇨나 신경계질환이 동반된 경우도 있다. 방광훈련과 약물치료로 개선될 수 있다.

① 물흐르는 소리만 들어도 소변이 마려운 느낌이 든다.
② 소변이 마렵기 시작하면 화장실 가는 길에 실수를 한다.
③ 소변이 자주 마렵다.

3) 과민성 방광

심하게 팽창된 방광으로부터 소변이 넘쳐 나오는 것으로 방광의 출구가 좁아졌거나 방광의 수축이 약할 때 나타나는 증상을 말한다.

① 밤이나 낮이나 소변이 자주 마렵다.
② 장거리 여행을 못한다.
③ 새로운 곳에 가면 화장실부터 찾는다.
④ 소변을 보아도 시원하지 않고,
또 보고 싶은 느낌이 든다.

4) 복합성 요실금

전체 요실금 환자의 절반 정도가 해당되는데 복압성과 절박성이 혼합된 상태로 존재하는 경우에 해당된다.

요실금의 관리

1) 방광훈련
소변을 참아 배뇨 간격을 점차 늘려 나가는 방법이다. 예를 들어, 배뇨 간격이 1시간이라면 1일을 단위로 30분씩 연장3~4시간까지 연장해 보는 것이다.
꾸준히 방광에 온열과 자극을 주어서 질 수축과 항문 수축하는 힘을 회복시켜야 한다.
여자는 배가 따뜻해야 자궁에 좋다고 하니 자궁을 따뜻하고 강하게 만들어야 한다.
2) 케겔운동
소변이 새지 않도록 막아 주는 요도 괄약근 및 골반근

육이 약화되여 소변이 흘리게 되는데 케겔운동으로 골반저근을 강화시켜 예방하는 방법이다.

일반적으로 골반저근의 강화운동은 5~10초간 지속적으로 수축하고 이완하는 방법을 10회씩 하루에 8~10회 이상 반복하는 것이 좋으며, 꾸준한 훈련이 중요하고, 아무 때라도 다양한 자세(걸을 때, 운전할 때, 앉아 있을 때, 화장실이나 부엌 등)에서 훈련을 하면 더욱 큰 효과를 얻을 수 있다.

3) 전기자극요법
전류를 흘러 골반근육과 방광에 자극을 줌으로써 괄약근을 수축시켜 수동적이고 반복적으로 수축, 이완시키면서 훈련하는 방법이다.

4) 요실금을 예방할 수 있는 생활 습관
① 향정신성 약물, 감기약, 고혈압 치료제 등 방광에 영향을 주는 약물을 복용할 때는 주의가 필요하다.
② 요로감염이나 질염, 변비 등이 생기지 않도록 주의한다.
③ 치매, 중풍 등의 뇌질환이 발생하지 않도록 유의해야 한다.
④ 시간표에 따라 배뇨를 하면 요실금을 줄일 수 있

다. 또한, 배뇨 후 잔뇨가 있는 경우 다시 배뇨를 하여 방광안에 남아 있는 소변을 다 비우도록 한다.
⑤ 방광을 자극하는 음식을 되도록 피한다. 예를 들면, 알코올, 커피, 카페인이 함유된 제품, 매운 음식, 신 주스나 과일류 등은 요실금을 악화시킬 수 있다.
⑥ 흡연은 기침을 유발하며 방광을 자극하여 요실금이 심해진다.

14) 케겔운동'정력 강화'

성근육(Kegel, PC근육) 운동하기
이 운동법의 효능은 1948년에 케겔 박사에 의해 밝혀졌고, 확실히 성생활에 활력과 만족을 배가시켜 주지만 우리나라에서는 보급이 쉽지 않은 상황이다.
성에 대해 너무나 닫혀 있고, 대부분 남을 너무 의식해서인 것 같다.
내가 성적으로 만족을 추구한다는 것에 큰 죄의식을 갖고 있다. 도덕과 예절 교육을 중시한 우리의 전통 때문이라고 스스로 규정하고 있다.
너무나 바쁜 현대인들에게 성생활에 연관된 운동까지 생각 할 여유가 없어 보인다.

대부분 운동은 마라톤이나 헬스 정도를 생각하지 실제

성과 관련된 내적인 운동은 염두해 두지 않았다.
38%가 '섹스리스'라는 보도를 실감한다.

남자라면 누구나 왕성한 정력을 소유하기를 원한다. 나이가 들며 남성호르몬의 감퇴와 전립선 질환으로 감퇴된 정력을 되찾기 위한 남자들의 노력은 눈물난다. 죽은 물건을 세우기 위한 남자들의 사투(死鬪)는 죽는 날까지 계속된다.

케겔운동은 죽은 물건을 세우는 천연정력제이다.
그 이유는 요도를 받치고 있는 골반 저근육을 강화하여 남자의 사정조절과 발기력에 영향을 주어 남자를 변강쇠로 만들어 주는 효과가 있다.

케겔운동은 성근육세포, 성기관의 탄력성을 빠르게 회복시켜 주며 질과 골반을 수축하여 탄력 있게 만들어 준다. 남성의 발기는 말초신경, 심장혈관, 내분비계, 중추신경 등 복합적으로 작용하여 나타나게 되는데 이 중에서 하나라도 문제가 발생하게 되면 발기력이 저하되는 것이다.
케겔운동은 처음에 간단히 하부 골반 주변 근육 조이기에서 시작되었다.
그러나 요즘은 여성 질내 기구를 삽입해 진동을 주거

나 조이면서 스스로 만족감을 유도해 가고 있고, 미국에서는 첨단 스마트폰앱을 이용한 프로그램까지 발전해 음악에 맞춰 운동하고 있다.
케겔운동의 기본은 복식호흡이 중요하다. '숨을 들이마실 때 항문을 조이고 숨을 내쉴 때 항문을 이완한다.'

두 번째는 허리를 들어 올리면서 골반 근육을 수축하고 내리면서 이완한다. 세 번째는 방석에 앉아서 숨을 들이 마시면서 골반 근육을 수축하고 내쉬면서 이완한다. 케겔운동을 하면 보통 3주 지나서 효과가 나타난다. 골반 근육 운동도 팔 근육과 같이 보통 3-6개월 운동을 꾸준히 해야 근육이 커지기 때문에 효과를 볼 수 있다. 이 일명 '항문조이기' 케겔운동은 꾸준히 하면 '조루증과 발기부전, 정력증진'에 효과가 있다.

15) 후궁들의 '옥방비결'
조선 시대 궁녀들은 임금님의 성은을 입기 전부터 상궁들로부터 옥방 비결의 가르침으로 배웠다.
베개를 사타구니에 끼우거나 방석을 둘둘 말아 양다리 사이에 끼우고 질 수축 운동을 하며 임금님을 잠자리에서 즐겁게 해드리기 위한 기교가 옥방 비결이다.
이 방법을 터득한 조선의 3대 요부 중에 천민이었던

장옥정은 빈의 자리에까지 올라 장희빈으로 벼락출세한 여인이었다.

두 번째로 장녹수는 기녀로 왕족들과 놀아나다 뇌물로 임금님께 진상되었다.
임금님은 잠자리를 해보니 지금까지 수많은 여자를 안 아보았으나, 아주 특별한 옹녀인지라 매일 밤 녹수를 찾아 독차지하였다.

정난정 역시 대비마마의 외손이었던 영의정을 잠자리에서 사로잡은 여인으로 조선의 조정을 손아귀에 넣고 마음대로 상권을 장악하여 재물을 축적한 요부였다.
그녀들은 한결같이 남자를 사로잡는 옥방 비결을 게을리하지 않았으며 그 노력의 대가로 한때나마 부귀영화를 누릴 수 있었던 여인들이었다.

일본 여성은 기모노 속에 속옷을 입지 않고 노팬티로 다니다가 어느 남자고 자신을 원하면 허리에 매고 다니던 담요를 깔고 그 자리에서 몸을 허락해 주었다.

그래서 인구가 1억 3천 명까지 늘어났고 성씨도 3천 개나 된다. 성도 이름도 모르는 남자에게서 임신한 아이의 성은 강둑이나 밭둑에서 생겼다 하여 그 장소가 아이의 성이 되어 많은 성씨를 가진 나라가 되었다.

중국 인구도 13억이 된 이유는 전족 때문이다. 전족이란 여성의 발이 크지 못하게 성장을 억제하여 아기 때부터 헝겊으로 꼭꼭 묶어 주먹만 하게 만드는 게 전족이다. 발이 작으니 걸을 때도 기우뚱거리며 뛸 수도 없었다. 그 대신 여성생식기가 걸을 때마다 마찰 운동이 되어 질과 방광, 자궁이 튼튼해져 임신이 잘 되었다.

그렇게 천년 동안 전족이 이어져와 지금 중국의 인구가 세계 1위가 되었다.
중국은 이미 천 년전에 터득하였으니 중국 선조들의 지혜이다.

일본이나 중국은 인구를 증식시키기 위하여 처음에는 법으로 정하였지만, 세월이 지나 법이 없어지고 풍습으로 남아 있다가 근대에 와서야 퇴폐한 풍습이라 하여 완전히 사라지게 되었다.

16) '백인 백색'

여자가 백만 명이 있으면 백만 명의 지문이 제각각 다르듯이 성감 역시도 모두 다르게 조물주가 장난을 치셨다. 이러한 오묘한 섭리는 종족 번식으로 인류를 영구히 보존하려는 깊은 뜻이 숨겨져 있다.

세상에서 제일 예쁜 미스코리아 아내를 둔 남자가 한눈팔며 외도하는 것을 보면 남자들은 자기 아내보다 더 좋은 여자를 찾기 위해 바람을 피운다.

남자가 안되어 본 여자는 남자를 모른다.
긴자꾸같이 수축력이 좋아서 오만소리로 포효하며 표현하는 여자를 여자 중의 여자인 옹녀로 쳐주는 것을 모르는 여자는 생식기 단련이 소홀한 게으른 여자다.

조선 시대 명기의 대명사인 옹녀와 명도의 대명사인 변강쇠도 밥만 먹으면 늘 생식기 수축 운동과 뜨끈하게 구운 돌로 배 위에 단전과 회음부에 깔고 앉으며 대신하였던 것으로 전해져 내려오고 있다.

변강쇠는 90세가 되어서도 온 동네 아낙네 모두와 부적절한 관계를 가지다, 하도 쎄서 풍기문란죄로 잡혀가 극형에 처했다. 변강쇠의 센 놈은 놀라웠다. 죽어서도 서 있으며 뜨끈뜨끈하였고 빳빳하였다. 연구자들은 옹녀와 변강쇠가 일생 동안 해 온 발자취를 더듬어 올라가 보았다.
임금처럼 정력식품으로 강정제를 먹어본 적도 없고 보약이라는 건 구경도 못 한 가난뱅이들이었다.
남과 여는 불과 물
황제(皇帝)가 소녀(少女)에게 묻기를

"나는 요즘 원기가 쇠약하여 몸이 불편하고 기분도 좋지 않아 몸에 위험이 닥쳐 오는 듯 두렵고 떨리니 어떻게 하면 좋겠느냐?"하니,

소녀(少女)가 대답하기를
"사람이 쇠약해지는 것은 대체로 음양의 교접인 성생활을 잘못하기 때문입니다. 여자는 물과 같고 남자는 불과 같아서, 여자가 남자보다 정력이 강하면 물이 불을 꺼버리는 것처럼 남자의 생명력을 저버리게 됩니다. 그러므로 음양의 길을 잘 알고 행하는 사람은 인생의 즐거움과 환락을 얻을 수 있으나 모르는 사람은 몸을 상하여 일찍 죽게 됩니다." 라고 말했다고 한다.
또한 청시대의 소설인 '등초선사전'에서는 문학적인 재미있는 표현이 있다.

무릇 남자란 한 번 만족하면 그것으로 잠에 떨어지는데 여자는 반대로 한 번 쏘이면 쏘일수록 좋아서 그치려 하 지 않는다. 이것은 남자는 불과 같아 물을 한 번 뒤집어 쓰면 불이 꺼지고 말지만 여자는 물과 같아서 불이 있는 한 계속해서 부글부글 끓어 올라 끓기를 그치지 않는다.

12. 정액량은 늘고 생리나이가 늘어난다.

세계 선진국들을 놀라게 한 신비스러운 파워마카는 최근 미국, 일본, 유럽 등 전 세계에서 폭발적인 인기를 모으고 있는 21세기의 신초(神草)이다.
마카는 해발 4,000미터가 넘는 안데스 고원의 가혹한 기후와 환경조건에서 자라는 약용식물로 '안데스의 산삼' '천연비타민의 보고' '기적의 불임 치료 식물' 등으로 불린다. 거기에다 마늘, 굴(인) 호르몬 생성 식품 31종이 첨가된 발효식품이 파워 마카이다.

현대인들의 최대관심은 '잘 먹고 잘살자'를 넘어 건강과 성공 두 마리 토끼를 잡는 것.
곧 성력(性力)을 우선으로 하는 시대다. 그렇다 보니 건강에 좋다면 어떤 먹거리도 마다하지 않을 태세다. 도가 지나쳐 몬도가네식 먹거리도 여기저기에서 유혹한다.
무엇을 먹어야 살 안 찔까? 성인병에 안 걸릴 수는 없나? 나이 들면서 점차 고개를 숙이는 정력, 갱년기가 무서워지고 병원에 가보면 고생만 실컷 하고 결국 외롭게 병치레하다가 죽는 건 아닐까? 등등 현대인의 건강에 대한 스트레스는 그것 자체로도 하나의 질병이 되고 있다. 먹거리 하나만 몸에 좋다면 두 배 세 배 값을 치르고라도 먹지만 그 효과는 찜찜한 것뿐이다.
여기에서 잘 먹고 잘살자는 것은 무얼까?
그것은 쉽게 말해서 정력이 있느냐, 곧 성적 능력을 유지할 수 있느냐로 압축할 수 있다. 성력이 강한 사람치고 건강하지 않은 사람이 어디 있는가. 건강하지 않으면 성 기능을 유지할 수 없다는 것은 누구나 아는 사실. 따라서 나이가 들어서도 정력을 유지하고 효과적으로 기능할 수 있다면 건강하다 할 수 있을 것이다. 그래서 모두가 정력, 정력 한다.

그러면 고대인들이나 조상들의 성 능력은 어떠했을까? 아마도 오늘날처럼 호들갑스러울 정도로 약하진 않았을 것이다. 먹거리가 넘쳐나고 생활도 윤택해졌다면서 왜 현대인들은 옛날 사람보다 성력은 떨어지는 걸까? 바로 스트레스와 잘못된 식습관에 의한 성인병, 환경오염 등 성력을 위협하는 것이 많아졌기 때문이라고 전문가들은 진단하고 있다.

찬란한 잉카문명을 건설했던 잉카족(케추아족)은 해발 3,000미터 이상이나 되는 고원에서 살았다. 고원지대는 희박한 산소, 낮의 강한 햇빛, 밤의 영하를 넘나드는 차가운 기온, 거센 바람, 척박한 땅 등 무엇 하나 사람이 살기에 적당한 환경이 아니다. 그런데도 잉카족의 체력은 강건했고, 여성들의 피부는 탄력이 있었다고 한다. 그 이유는 무엇일까?
바로 마카였다. 그리고 아이러니하게도 잉카는 마카 때문에 스페인 군대에 정복당한다. 잉카의 후예인 페루에서는 마카를 밥의 대용인 주식으로, 레스토랑의 일류 요리로, 가루 형태로 우유나 주스에 넣어 마시는 음료로, 요리의 조미료로, 아이들의 영양 간식 등 다양하게 사용되고 있다.
이제 유럽이나 미국, 일본, 러시아, 중국 등에서 21세기의 신초인 마카의 붐은 대단하다.
그래서 정력제로는 물론 건강식품으로 널리 사용하는 것이다.

이제 우리나라에서도 마카를 맛볼 수 있게 되었다.
페루 정부가 보증하고 우리나라의 식품 의약품 안전청의 엄격한 심사를 통과하여 시장에 나오게 되었다.
또 한국 내 유명대학과 식품연구소의 생 약초개발팀은 이미 '안데스의 산삼'으로 마카를 주목하고 활발한 연구 활동을 벌이고 있다.
마카의 등장은 현대인들의 성적 능력을 높이는 것은

물론 성인병, 불임, 갱년기 장애 등의 고통에서 벗어날 수 있는 기적의 약초로 널리 알려지게 되었다.
게다가 섹스회수가 한 달에 한 번 이하의 섹스리스 가정이 늘고 있는 우리나라의 남성들과 여성들에게도 좋은 자극제가 될 것이다.

제 1 장 세계가 주목한 21세기의 신초(神草) 마카

해발 4,000미터 안데스 고원에서 자생하는 천연식물
세계지도를 펼쳐보면 남미대륙의 태평양 쪽에 안데스산맥이 쭉 달리고 있다.
그리고 적도 부근에 페루가 있다. 페루는 모두가 알다시피 잉카문명과 현대인들이 동경하는 황금의 땅, 엘도라도의 신화로 유명하다. 그리고 그곳에 전설적인 식물, 마카가 있다.

마카(MACA)는 새롭게 알려진 식물은 아니다. 남미의 안데스산맥 해발 4000미터가 넘는 고지의 혹독한 기후 속에서 잉카족이 살기 훨씬 이전부터 자생해온 식물이다.
낮 동안에는 강렬한 햇살을 받고, 밤에는 영하에 내려가는 기온, 낮은 기압과 강한 바람 등을 견디며 자라

나는 식물이다. 도저히 식물이 살 수 없는 자연환경 속에서 자생하는 마카. 하지만 이 특이한 식물은 잉카족의 귀족들만 먹던 귀중한 음식이었다. 그 놀라운 영양가와 맛은 오늘날 잉카인들의 주식으로 재배되고 있으며, 전 세계인들의 강장 영양식품인 21세기형 약초로 주목받고 있다.

마카의 종류는 100여 종이 기록되고 있으나 현재 페루에는 11종의 마카가 재배되고 있다. 재배한다고 해시 사람들이 기르는 것이 아니라 완전한 유기농 형태에 자생한 것을 거두어들일 뿐이다. 페루 원산의 마카는 해발 4,000~5,000미터의 고지에서 재배되는 것을 가리킨다.
식물적으로 말하면 마카는 아브라나과의 레피데이움속에 속한다.
정식 학명은 Lepidium Peruvianum Chacon sp.nov로 마카 연구의 일인자인 글로리아 챠콩 박사의 이름이 들어있다. 야생 마카는 꽃 모양이 장미와 비슷하며, 땅속에 묻힌 뿌리와 알맹이 부분을 건조한 것이 식용으로 쓰인다.

마카의 뿌리는 감자와 모양이 비슷하며, 알맹이 또한 감자와 비슷하다. 알맹이에서 한 줄기 위로 향해 가느

다란 줄기가 뻗어있다. 이 줄기는 5센티가 채 되지 않아 땅 위로 고개를 내밀지 않는다. 따라서 천연으로 자생하는 마카를 발견하려면 줄기에서 뻗어 나와 땅 위로 자라난 잎을 찾아낼 수밖에 없다.

마카의 잎은 다소 시들어있는 모습을 하고 있다. 색깔은 밝은 노랑, 진한 보라, 탁한 분홍, 파스텔 분홍 등 여러 가지가 있고, 별로 화려하지 않아서 풀과 같은 느낌이다. 감자밭 사이에 마카를 심으면 감자밭 사이사이로 잡초가 자라있는 것처럼 보인다.

이렇게 페루의 대자연 속에서 재배되어 내려오고 있는 마카에는 어떤 신비로운 힘이 감춰져 있는 것일까? 그 역사적 배경과 효능, 과학적 성분 등 다양한 점으로 자세하게 자세히 살펴보기로 하자. 마카의 신비로운 효능에 모두 놀라게 될 것이다.

잉카왕과 귀족들만 먹던 강장식품 마카

페루에는 과거 찬란한 문명을 지닌 잉카제국이 있었다. 태양신을 숭배하는 잉카제국 사람들은 조금이라도 더 태양과 가까이하려고 주거지를 높은 곳에 정했다. 수도 쿠스코는 해발 3,000미터가 넘는 고지에 건설되었다.

그러나 공기가 희박하고 기후가 혹독한 고지에서 사람들은 체력이 크게 소모되었다. 그것을 보충하기 위해서는 자양강장 효과가 있는 식품이 필요했다. 그래서 잉카 사람들은 일찍이 마카에 눈을 뜨게 되었고, 주로 왕과 귀족들이 자양식으로 마카를 이용했다.

오늘날 마카가 주로 생산되고 있는 고원지대는 잉카제국 영토 내에 있었기 때문에 제국의 지배자들은 마카의 효능에 관해 알고 있었다. 그들은 라마 같은 가축과 소량의 마카를 물물 교환했을 정도로 마카를 귀중하게 취급했다.

한편 잉카제국의 왕은 전사들에게 체력을 보충시키기 위해 마카를 먹게 했다고 전해진다. 안데스 지역의 여러 부족은 서로 세력 확장을 위해 다투었는데, 그중에서도 잉카족이 강성하여 마침내 주변의 부족들을 물리치고 거대한 제국을 이루었다. 이 과정에서 강한 전사가 꼭 필요했고, 전쟁에서 승리를 거둔 전사에게는 포상으로 마카가 지급되었다고 한다.

잉카제국의 군대는 주변 부족을 공격하여 함락시키기 직전이 되면 전사들에게 마카의 지급을 중지시켰다. 승리한 죽음들이 강탈과 폭행을 일삼게 되어 군대의 질서가 문란해질 것을 걱정했기 때문이다. 그래서 목표물을 함락시키기 직전에 전의를 북돋는 마카의 지급을 중지시켰다.

발기부전과 불임, 갱년기 장애를 낫게 하는 마카

지금까지도 정력증강에 좋다고 하는 강장식품이나 약품, 건강식품은 많이 있었다. 그러나 마카는 종전의 것들과는 완전히 다르다.
한마디로 어떤 점이 다른가 하면 어디까지나 자연의 형태로 성 기능을 증강 시킨다고 하는 점을 큰 특징으로 들 수 있다. 남성의 경우는 발기부전을, 여성의 경우는 불임증과 갱년기 장애를 낫게 한다.

마카는 스트레스성 발기부전에 효과가 있는 알카로이드를 다량 함유하고 있다. 또 난자와 정자의 수를 크게 촉진하는 남성호르몬과 관계되는 스테로이드, 음경동맥 혈액의 흐름을 활발하게 만드는 덱스트린도 포함하고 있다.
이 내용만 보면 화학약품인 발기부전 치료제를 떠올리게 된다. 이런 성분들이 남성의 발기부전을 개선하게 된다.
그러나 발기부전 치료제는 화학약품으로서 부작용이

우려되는 것과는 대조적으로, 마카는 더 큰 효능을 갖고 있어 천연식물이라고 하는 점에 주목해야 한다.
곧 부작용에서 벗어난다는 것이다. 다시 말해 '페루산 천연 발기부전 치료제'라고 해도 좋을 만큼 자연 그대로의 형태로 성 기능에 활력을 주는 전통적인 강장식이다.
발기부전과 정력의 쇠퇴로 고민하는 현대의 남성들에게, 또 불임증 갱년기 장애로 고민하는 여성들에게 마카는 정말 반가운 소식이 아닐 수 없다.

8. 늙어서도 남녀 모두 충실한 성생활을 위해

부부가 나이 들어서도 언제까지나 서로를 소중하게 여기며, 더불어 인생행로를 걸어가는 동안 웃음 지으며 신뢰를 쌓아나가려면 성생활이 중요한 역할을 한다. 성생활은 두 사람이 서로 이해하고 애정을 표현하는 중요한 수단으로, 충실한 성생활은 생활에 윤기를 더해주고 삶의 보람과 웃음, 건강에 이르기까지 많은 것들을 가져다준다. 몇십 년에 걸친 원만한 부부관계를 지속하는 비결은 바로 원만한 성생활에 있다고 할 수 있다.

성욕은 죽을 때까지 없어지지 않는다고 한다. 늙어서도 일을 우선시하여 성생활을 경시하는 사고방식을 가진다면 삶의 의욕이나 보람을 느끼기 어렵다는 것은 많은 노인 대상 설문 조사결과가 보여준다. 아무래도 남성과 여성이 함께 사는 보람을 느끼며 충실한 인생을 보내기 위해서도 성생활은 그 중요성을 차츰 더할 것이다.
그러므로 남녀 모두의 성 기능을 놀랍게 끌어올리는 마카가 필요하다. 남녀 모두가 마카의 도움을 받아 언제까지나 건강하고 젊게 사는 인생을 보내야 한다.
나이가 들면 사정 시에 정액 양이 감소하는 사람들에게도 권장되고 있다.

마카는 면역력을 높여 주는 영양소도 있다.

우리 몸속에는 수많은 세균과 바이러스가 살고 있으며, 몸 바깥에도 마찬가지로 수많은 세균과 바이러스들이 우리를 둘러싸고 있다.
이러한 세균과 바이러스 가운데는 우리 몸을 못 쓰게 만들어 여러 가지 병을 일으키는 것도 많다.
그런데도 우리가 건강하게 살 수 있는 것은 몸속에 태어나면서부터 갖고 있는 면역기능의 작용 덕분이다. 면역기능은 체내에 침입한 세균과 바이러스를 쫓아 없앤다. 그뿐만 아니라 면역력이 강해지면 암도 예방할 수 있다.

우리 몸은 항상 신진대사를 되풀이한다. 신진대사에는 여러 가지 역할이 있는데 대표적인 것은 새로운 세포를 만들어서 오래된 세포와 교환하는 것이다. 교환할 때는 오래된 세포와 똑같은 것을 복제하는데, 유전자 DNA에 이상이 있을 때는 기형 세포를 만든다. 그런 기형 세포 가운데 하나가 바로 암세포다.
체내의 이물질을 공격하여 없애는 면역세포는 기형 세포를 세균이나 바이러스와 같은 이물질로 인식하여 공격한다. 인간의 면역 기구의 작용은 주로 골수에서 만들어지는 백혈구에 의해 이루어진다. 몸 밖에서 세균이나 바이러스와 같은 이물질로 인식하여 공격한다. 인간의 면역기구의 작용은 주로 골수에서 만들어지는 백혈구에 의해 이루어진다. 몸 밖에서 세균이나 바이러스가 침입하거나 돌연변이에 의해 기형 세포가 생겼을 때는 백혈구가 나서서 이런 이물질들에 활성산소나 항체를 보내서 사멸시킨다. 또 백혈구가 직접 이물질을 먹기도 한다.

백혈구는 여러 가지 종류가 있으며, 대표적인 것으로 호중구, 매크로파지, B세포, T세포 등이 있다. 코로나 스트레스로 인해 면역력이 떨어져서 세균이나 바이러스의 세력이 면역력을 짓누르면 여러 가지 병이 생기는 것이다. 이러한 면역력의 가장 큰 적은 노화다.

나이가 들면서 몸과 마음의 기력이 떨어지면 면역력도 떨어지고, 암과 같은 병에 걸리기 쉬워져서 노화가 한층 빠르게 진행된다. 나이가 들수록 이러한 악순환에 빠지기 쉽다. 따라서 건강하게 오래 살고자 한다면 면역력을 강화해야 한다. 그런 작용을 하는 것이 바로 마카다.

마카가 어떠한 형태로 면역력을 높이는가 하는 자세한 메커니즘은 아직 밝혀지지 않았다. 다만 마카에 함유된 풍부한 영양소가 서로 작용하여 면역기능의 작용을 활발하게 하는 것으로 추측된다.

실제 마카에 의해 면역력이 높아진 임상 결과가 꾸준히 발표되고 있다. 앞으로 마카에 대한 연구가 이루어질수록 면역력 증강에 관한 메커니즘은 물론 효과를 더욱 높이는 일도 가능할 것이다.

오래 부담 없이 즐기려면 마카가 발기부전 치료제보다 낫다.

마카가 발기부전 치료제와 같은 작용을 한다는 사실은 앞서 이야기했다. 하지만 마카와 발기부전 치료제의 성질은 커다란 차이가 있다.
바로 마카는 즉효성이 없지만, 효과의 지속시간이 길고, 부작용이 없다는 점이다.
발기는 모세혈관으로부터 음경의 해면체에 많은 양의 혈액이 유입되어 일어나며, 사정하면 자극이 떨어져 모세혈관을 수축시키는 호르몬이 분비되어 음경이 원래 크기로 돌아온다. 발기부전 치료제는 이 모세혈관을 수축시키는 호르몬의 분비를 억제함으로써 발기시킨다.
따라서 음경에 계속하여 새로운 혈액이 유입되기 때문에 한 번 발기하면 좀처럼 원래대로 돌아오지 않는다. 개인차는 있지만 일반적으로 발기부전 치료제를 복용하면 약 30분이 지나 효과가 나타나기 시작하여 약 4시간 정도는 지속한다고 한다.

마카의 경우는 음경을 발기시킨다는 목적에 있어서는 같지만 혈액을 유입시키는 메커니즘이 전혀 다르다.
약의 힘으로 일시적으로 모세혈관을 확장하는 것이 아니라, 생약 성분의 힘으로 하복부의 음경동맥 혈액 흐름을 촉진 시켜 음경으로 흘러 들어가는 혈액의 양을 증가시키는 것이다. 서서히 체질을 바꾸어 나가기 때문에 즉효성은 없지만, 발기력을 오래 지속할 수 있다.

또 발기부전 치료제의 경우는 급격하게 음경으로 보내는 혈액의 흐름이 많아져 알코올을 섭취하고 복용하거나 심장에 장애가 있어서 니트로를 복용하는 사람의 경우 심장을 도는 혈액이 일시적으로 부족하게 된다. 그로 인해 심근경색을 일으켜 사망하는 사고가 일어나기도 한다.
그러나 마카는 그런 염려가 전혀 없다. 마카는 안전하게 사용할 수 있는 '천연 발기부전 치료제'인 셈이다. 한 가지 덧붙이자면 마카와 발기부전 치료제는 중복되는 성분이 없으므로 병용이 가능하다.

아울러 성생활을 하면서 약물이나 어떤 도구를 사용하여 성적인 기능을 높이려 들거나 만족을 얻으려 한다면 배우자나 본인에게는 또 다른 부작용이나 수고가 필요하다. 하지만 요리나 건강식품을 통해 자연스럽게 성 기능을 활성화해 성적 만족을 이룰 수 있다면 가장 이상적이라고 할 수 있을 것이다. 이러한 의미에서 마카는 충실한 성생활의 훌륭한 길잡이 노릇을 하고 있다.
신선한 정보를 보석같이 접했을 때는 우리의 삶은 한

층 더 질이 높아지며 풍요로워진다. 그러나 성급한 마음으로 우물에 가서 숭늉을 달라는 식의 과욕은 아니 된다.

이 세상에는 당장에 큰 뜻을 이루는 일이란 아무것도 없다. 그러므로 내 몸을 위하여 하루에 마카 야문단 한 알 씩만 투자한다면 뿌린 대로 거두게 된다. 청춘 같은 체력은 자신도 모르는 사이에 찾아와 세상사는 보람을 느낄 것이다.

부부가 함께 온 가족이 다 함께,
건강증진을 위해서는 하루에 한 번씩,
왕성한 체력을 원한다면
아침, 저녁 두 번씩 복용하자.

상담문의/ 010-8558-4114

※ 끝까지 읽어 주셔서 감사합니다.
  멋으로 이어집니다.
  전국서점 교보문고에 있습니다.

자수정 홈쇼핑

No	품명	수량	가격	구성	비고
1	특수페로몬향수	3개	99,000	男 각 향이 다름	이성에 호감을 유발함
2	특수페로몬향수	3개	99,000	女 각 향이 다름	이성에 호감을 유발함
3	양코크림	3개	180,000	男 기능성 크림	보톡스, 미백, 주름, 잡티
4	어머나크림	3개	180,000	女 기능성 크림	가슴, 허벅지까지 탱탱
5	팔찌	1개	198,000	男 의료기	식약처 허가 의료기 50% 할인가격
6	목걸이	1개	298,000	男 의료기	식약처 허가 의료기 50% 할인가격
7	팔찌	1개	198,000	女 의료기	식약처 허가 의료기 50% 할인가격
8	목걸이	1개	298,000	女 의료기	식약처 허가 의료기 50% 할인가격
9	뒤웅박	1개	198,000	男女 공용	정력, 전립선 생식기 단련 운동기
10	야생마	1개	348,000	男女 공용	요실금, 변실금, 생식기 단련기
11	큰놈	5종	198,000	男성 보조기	발기 보조 상품
12	쇠말뚝	5종	248,000	男 의료기	식약청 허가 빌르기기구
13	불기둥	1개	99,000	쑥뜸키	쑥 포함

14	반지링	3개	99,000		성 강화링
15	과일젤	3개	40,000	무해함	성감을 배가시킴
16	마카	60정	180,000	야문단	성호르몬 증가 서적 참조
17	침향(사향10정)	60정	180,000	조선한방	침향 20%,사향18%
18	캡틴	1개	150,000	일본제	자동 자위기구
19	리얼돌	1개	380,000	국내산	공기인형 펌프 가방 포함
20	리얼돌	1개	3,800,000	국내산	실리콘 실물과 똑같음
21	카사노바	4권	80,000	서적	천명을 사랑한 남자
22	보보	3권	60,000	서적	보고 있어도 보고 싶은 애정 소설
23	두배산 인생	3권	60,000	서적	역사대하소설
24	분류천국	3권	60,000	서적	애정실화소설
25	인생시리즈	10권	200,000	서적	인생처세술
26	멋	1권	20,000	서적	노인대학 댄스춤
27	매력	1권	20,000	서적	노인대학 모델 워킹
28	글루타치온	360정	198,000	건강식품	노화를 늦춤

농협 1300-3551-1656-951 (우희정)

문의 010-8952-4114